YANG LIWEI:
CHINA'S FIRST
SPACE EXPLORER

中国首位太空探路者
杨利伟

李玉梅　著

人民出版社

为了人类的和平与进步，中国人来到太空了。

目 录

楔 子

在中国载人航天史上，2003 年 10 月 15 日是个里程碑

这一天，他实现了自己从小到大的飞天梦

成为中国进入太空第一人

中国也成为世界上第三个能够独立将人类送入太空的

国家

他说：为了人类的和平与进步，中国人来到太空了！

转眼二十多年过去，倏忽一瞬间

他的名字依然响彻神州大地

他叫杨利伟，是中国首位太空探路者。

渔歌子·蓝天如镜

蓝天如镜映山川，静气修身傲严寒。

穿秦岭，越天山，壮志凌云叹流年。

第一章

蓝天

小小飞行梦

天空蓝得透明。阳光有点耀眼。少年微微眯着眼睛，仰起头侧耳倾听。他在捕捉远处的声音，那个声音巨大，似龙吟又似虎啸，以雷霆之势响遏行云。它飞起来了。此刻就盘旋在男孩的头顶上方，大鹏展翅着直冲天际。少年咧嘴笑了，心满意足。他整理了一下斜挎在胸前的小书包，开心地上学去了，迈着小学生独有的轻快步伐。

这里是辽宁省葫芦岛市绥中县。绥中，古称杏林堡，自古便是连接关内外的交通咽喉、战略要塞。明宣德三年改为广宁前屯卫，是山海关外第一卫，辖中前所和中后所两个千户所。光绪二十八年建县后改称"绥中"，取"绥"字的安抚之意，"绥中"是期盼这方土地能永远安定祥和。然而，1931 年东北沦陷，绥中便处在伪满政权的统治下，人民苦不堪言。从抗日战争到解放战争，英雄的绥中人民一直在顽强抵抗，1948 年 9 月 12 日，绥中解放的枪声

1岁时的杨利伟出生在一个知识分子家庭

打响，拉开了辽沈战役的序幕。从那时起，这块土地才真正迎来了安定与祥和。

少年的父亲是位中文系大学生，他对儿子说过最多的话就是："一个人无论走到哪里，都要记得你来自何方。家是你的根本，热爱家乡的人才能热爱祖国。"绥中的历史，尤其是红色革命历史，在少年还没有踏进校门之前，父亲已经作为孩子的第一任老师教导过了。

少年名叫杨立伟。不过就在刚才他看天空飞机翱翔的那一刻，他在内心萌发了一个念头，那就是要把自己的名字改了。就像姐姐把自己名字中的"立"字改掉一样，少年也要把自己名字里的"立"字，换成"胜利"的"利"。书包里还有妈妈给他新买的崭新的作业本，从明天开始，在姓名那一栏，他将会一笔一画地写上：杨利伟。

1965年6月21日，杨利伟出生在辽宁省葫芦岛绥中县的一个普通家庭，父亲在土特产公司工作，母亲是中学教师。杨利伟的姐姐长他四岁，在他七岁那年，家里又添了人口，杨利伟有了一个小他七岁的弟弟。一家五口人，生活并不富裕，只能说是吃得饱，绝对算不上吃得好。物质贫乏、生活简单是杨利伟这一代人的共同记忆。

在共同记忆的另一端，杨利伟也有着区别于大多数人的特殊部分，尤其是在他的童年、少年阶段，那些关于飞机、关于飞行员的特殊记忆与经历。

杨利伟家附近有海军的一个训练基地，基地内有机场。部队与驻地单位定期开展军民共建活动，尤其是幼儿园、学校和敬老院。有一年的"八一"建军节，当时正在上幼儿园的杨利伟被班主任选中排演集体舞蹈《小小飞行员》。老师让小朋友们好好排练，要去机场给飞行员叔叔们表演节目。

美丽的天空阳光灿烂 / 我是一名小小飞行员 / 白云朵朵露出了笑脸 / 好像天使在向我召唤 / 美丽的天空阳光灿烂 / 我是一名小小飞行员 / 风儿送我飞向蓝天 / 比雄鹰展翅更加壮观 / 彩霞

姐姐在天边出现 / 五颜六色格外耀眼 / 穿过彩桥 勇往直前 / 去迎接新的挑战 / 云里雾里我不怕困 难 / 星星月亮把我陪伴 / 我爱祖国我爱蓝天……

"叭嗒"，老师按下录音机的播放键，美妙动听的歌声随即响起。杨利伟与小朋友们穿着与真正的飞行员服装差不多的演出服，在舞台上翩翩起舞。他们画着红红的小脸蛋，稚嫩的身体模仿着飞机起飞、滑翔、展翅，天真烂漫的表情、可爱却青涩的表演，有的小朋友甚至跟不上音乐节奏，时不时出个小错，前来观礼的家长一边开心地笑一边使劲鼓掌，手掌都拍红了。演出结束，老师还带着小朋友们去海军基地机场，去那里观看真正的飞行表演。

那是一架银白色的飞机，因为离得远，并不觉得很大。飞行员叔叔们戴着飞行帽、墨镜，他们排着队，一条线一样滑向他们的飞机。飞机的声音震耳欲聋，速度快得惊人，眨眼之间已经腾空而起，成为一个小点。飞机在天空拉出一条银白色的弧线。弧线刚开始是细细的，慢慢地开始漫洇成粗粗的一条，然后是一片，最后神奇般地在天空中消失了。而此刻，飞机早已从天而降，飞行员从飞机上鱼贯而下，步履坚定地向着人群走来。彼时的战斗机飞行员在杨利伟眼中是发着光的，如神祇降临人间，自带万丈光芒。从那时起，战斗机、飞行员就经常会闯进杨利伟的梦境，不请自来，伴他入眠。

儿时的英雄气概

爱玩是镌刻在人类幼崽基因里的遗传密码，是人类的天性。父母的工资收入只能用来维持一家人的生活，除此之外再没有多余的能力满足孩子们的其他需求。孩子想看书，却没钱买书；孩子需要玩具，家里更没有那份钱。家是关不住杨利伟的，没有图画书、没有玩具，如何拢得住一个少年跳跃的心？

家附近的小河，夏天游泳、冬天溜冰；远处的小山，小伙们登顶过每一个山头；再远一点的海军基地训练机场上的飞行员训练器械，每一种杨利伟都尝试过……河流、山川、海军基地训练场组成了少年杨利伟的活动半径。

长姐是女生，女孩子有女孩子专属的游戏，唱着儿歌跳皮筋："小皮球，架脚踢，马兰开花二十一。二八二五六，二八二五七……"几块碎花布便能缝一个沙包，还玩得不厌其烦。杨利伟不屑于当姐姐的小尾巴。弟弟太小，跟杨利伟玩不到一块去，主要是他也不想带一个小尾巴当累赘。

8岁时的杨利伟是个爱玩打仗游戏的淘气鬼

沙包是提不起男孩子兴趣的。男孩子要奔跑，要摔跤，要拿起枪，骑上马，去打仗。虽然那匹马仅仅是一个高高扬起的手势，而手中的枪也不过只是一个象形的树杈子。放学后，一群男孩子聚拢在一起，分成两队人马，一方攻，另一方守，东冲西突。喊杀声响彻云霄，太阳落山之前绝对不回家。

小时候的杨利伟是三姐弟中最调皮、淘气、捣蛋的那一个。三天两头被老师、邻居或者是同学家长找上门来，要么是贪玩作业没完成，要么是打破了邻居家的玻璃，要么是跟同学玩闹时让对方挂了彩。每当这时候，父亲就会家法伺候，"刑具"就是家里扫地的扫把，所以扫把经常不是用坏的，而是父亲"行刑"得过于频繁。多年后，仔细回想一下，杨利伟觉得其实父亲打自己还是挺有章法的。大都是等找上门来的人把事情经过讲个大概，父亲才把他拎过来抡起扫把抽，高高举起轻轻落下。这时候带着怒气的来人不可能无动于衷，一般会上前劝解一番，父亲也就顺势收了。自己家的孩子自己了解，心性是好的，只是淘气得有点过分。

在教育孩子的问题上，父亲并未一味坚持棍棒底下出孝子、不打不成器的原则，每一次的体罚之后就是思想教育，让杨利伟明白为什么挨打，该不该被打。在一次次触碰与教训中，杨利伟的底线思维被父亲一点点确立起来。父亲说："你可以调皮，可以自由散漫，但凡事都有一个度，越了线就要挨打，就要受到惩罚。做任何事情之前，都要事先明白这件事的底线在哪里？后果是不是你能承担得起的，然后再去做。如果方向是正确的，那就坚持到底。"

相较父亲的严格，母亲就是慈爱的。母亲是老师，桃李如云，教过太多如儿子这般的学生，脑筋灵活转得快，学习成绩好，会玩也会学习。这样的孩子就是得学会守规矩，所以在丈夫教训杨利伟时，母亲通常保持缄默，家庭教育最忌讳的就是一个教训孩子、另一个护着孩子。只有夫妻双方结成统一阵线联盟，家庭教育才能事半功倍。对于三个孩子，父母并未执拗地要让他们上名校，只是希望孩子们好好读书，做一个对社会有用的人。在老一辈人的意识中，成人是比成才更重要的事情。

我想报名试试！

实事求是地说，小学五年、初中三年、高中两年的十年寒窗，杨利伟都是一个好学生。小学四年级他就开始参加数学竞赛，获奖无数，奖品有书也有习题集，最多的是封皮上印着大大的红色"奖"字的本子。小学升初中，杨利伟顺利考取了重点初中的重点班，虽然初三时成绩略有下滑，却也顺利升入了高中。在小学阶段，杨利伟的数学天赋就已经开始显现，中学时又对物理产生了浓厚的兴趣，难能可贵的是，他对数学与物理两门学科的热爱一直保持到今天。一本专业的数学或物理读物在别人眼中看来艰深晦涩，杨利伟却会读得津津有味，有时候还会拿起笔在纸上演算一番，方才觉得过瘾。

现在的绥中县利伟高中，在 1983 年时的校名是绥中县第二高级中学。春节的年味还没有咀嚼完，街上时不时还有零星的鞭炮声。房檐下的冰锥开始点滴融化，春天的气息在一点点地逼近。

高二的学生要提前开学几天，因为他们是毕业班。彼时的高中实行两年制，用不了几个月，他们这一届毕业生就要迎来决定他们一生命运的考试，高考。

很多年之后，杨利伟也无法忘记那一天。那一天，万里无云，阳光明亮得有些刺眼。

绥中县二中教导主任走进了杨利伟的教室："同学们，空军来咱们学校招飞行员了，条件具备的可以报名试一试！"

坐在自己课桌前的杨利伟大吃一惊，手中的钢笔"啪嗒"一声掉在地上，墨水飞溅了一地。老师有些惊愕杨利伟的反应，静静地看着他。

此时杨利伟的心在狂跳，他的手在发抖。如果当时有心率测量仪的话，他的心率一定在每分钟 100 次以上。这个消息让杨利伟欣喜若狂。除此之外，他出乎寻常的讶异还有一个原因，那就是昨天晚上他刚刚又做了那个早已重复过无数次的关于飞翔的梦。

在梦中，他长出了一对巨大的翅膀，挥动双翅，气流在身下涌动，将他缓慢地抬升。抬头仰望，是天际，是云端。他只能更加用力地挥动翅膀，一下，又一下，他知道自己此刻悬浮在小河的河面之上，在紧贴着河面飞行。河面波光粼粼，像一面镜子，他甚至能从里面清晰地看到自己飞翔的姿势。他想继续向上攀升，飞过河，飞到对岸的那座小山之巅。上小学时，作为孩子王的他曾经率领小伙伴们徒步去爬那座山，可惜望山跑死马，以为近在眼前，殊不知清晨出发直到晚上才身心俱疲地安全返回。现在不一样，他会飞，不费吹灰之力就能一步登顶。突然，他的鲲鹏大翅在一点点萎缩，是那种肉眼可见的萎缩，是伴着切肤之痛的萎缩。慢慢地，原本铺展开来能把自己全部包裹其中的翅膀居然变成了透明的蜻蜓的翅膀，吹弹可破，柔软无骨，这样一副翅膀不再有力，不再能够承载他身体的重量。他开始下坠，刚才他向上飞了多少米，此刻他就要向下坠落多少米，而且坠落的速度越来越快，越来越快。

不！小河的河底有很多石头。

不！不！有一年夏天在河里游泳，他曾经摔倒过，磕得头破血流。

不！不！不！在接近窒息的恐惧中，杨利伟醒来了。

这个梦他经常做，电视连续剧一样，隔三岔五在睡梦中播放一集。刚开始他还跟母亲讲，母亲总是笑着说：

"梦见飞是在长个子！"从小学到中学再到高中，飞翔的梦从未远离，个子嘛，长着长着就不怎么见长了。总是重复的梦，到后来杨利伟自己都懒得说了。

但为什么会有这样的巧合？昨天晚上刚刚做了那个几乎伴随了自己整个童年、少年的飞翔之梦，今天空军招飞的消息就来了！这是什么预兆吗？是代表梦想成真吗？

杨利伟深吸一口气，弯腰捡起地上的笔，指间浸染了些许蓝色的墨水。他举起手："老师，我想报名试试！"

杨利伟是一路小跑着去报名的。在去招飞办公室的路上，他步履如飞，眼中含着热泪，时不我待，必须要抓住这次机会。报名就在当天，杨利伟已经来不及跟父母商量，便自作了主张。

选飞通过

报名与初选同时进行，绥中县二中、县人民武装部、县招飞办、县医院多部门联合面试。杨利伟跑得气喘吁吁，在学校临时设的招飞面试办公室门口，气息都来不及稳定一下就冲了进去。就在此时，校园里响起清脆的下课铃声。杨利伟是与铃声一起扑进面试办公室的，把里面的人吓了一跳。

"嗬！你这是踩着电门进来的啊！"

"不错啊，小伙子身高条件不错，体重应该也够了！"

量身高、称体重、测视力……杨利伟顺利进入了六十人的初选名单，他被告知要去锦州解放军205医院参加全面体检，也就相当于复选。

这个时候的杨利伟才意识到，他还没有把参加飞行员选拔这个关乎他未来的事情告诉父母。

当时父亲出差在外，家中只有母亲。看着杨利伟欢喜雀跃的模样，母亲态度平静，说："那你就去吧，选不选得上，检查检查身体也挺好的。"

复选时居然有旋梯滚轮测试项目，那是少年时在海军基地机场训练场上玩过无数次的游戏。大部分人止步于此，而杨利伟却轻松过关。复选结束，六十人留下二十人。最后一项是检查眼睛，三选过后绥中县只剩下包括杨利伟在内的六人。

到了最后做决定的时刻了，如果去就要放弃高考；如果不去，那就意味着杨利伟从此告别蓝天，那个在天空飞翔的梦就真的成为梦幻泡影了。

母亲的本心是不想让儿子去的，一来她觉得凭杨利伟的成绩虽然不出挑，但再努力一下说不定就能上大学；二来飞行员是个危险职业，没有一个母亲愿意自己的孩子以身涉险。杨利伟家毗邻的海军机场，就曾经发生过飞机摔下来的事故。母亲不敢想，一想就怕。她给在外出差的丈夫发了电报，电文12个字：利伟选飞三选通过，速回商量。

父亲以最快的速度赶回家，一家人心平气和地坐在一起商量杨利伟的未来。

"你真的想好要当飞行员吗？"父亲问道。

"我愿意去！"杨利伟回答得斩钉截铁，没有丝毫的犹豫。

父亲看了一眼沉默的母亲，思忖良久，对母亲说："他就喜欢这个，你不让他报，以后后悔怎么办，让他去吧！"

有了父母的支持，杨利伟心无旁骛地继续参加飞行员招生的测试。这一期招飞非常特殊，要进行正规的文化考试和智力测试。通过三选的人员被集中在绥中县武装部集体补课，考试地点设在锦州市。考试结束，又有人因为文化成绩不达标而出局。杨利伟笑到了最后。

1983 年，绥中县五人同时被招收为飞行员，其中杨利伟所在的绥中第二高级中学有三名学生入选。对绥中这方水土来说，这是前无古人、后无来者足以载入史册的大事件。

十八岁的天空

　　要入伍了，要离开父母了。分别在即，一家三口，父亲、母亲与杨利伟拍了一张照片。母亲努力想笑也没能留下开怀展颜的瞬间，父亲是平静的，杨利伟也很平静。杨

杨利伟和父母

利伟的平静一直保持到火车启程。站台上，送别的家人、老师和同学都在流着泪挥手，同行的伙伴也泪流满面。唯独杨利伟，一脸的平静。每临大事有静气，这是杨利伟人生第一次在身处大事件时，展现出性格中独有的稳定与沉着。

车窗外，父亲、母亲、姐姐、弟弟都在哭泣，父亲红着眼眶一个劲地挥手，含蓄内敛的父亲在这一刻打开了情感宣泄的水龙头。母亲的哭泣是无声的，是心疼到无言的痛楚。

"利伟！"人群中有人在喊。

火车已经启动，杨利伟向着人群轻轻挥了一下手。前方的路是自己的选择，也许是一片坦途，也许荆棘密布，都将无悔。

前方是十八岁的天空，蓝色的。蓝天在向杨利伟招手。

"春" 来江水绿如蓝

40 年多后的今天，杨利伟经常会回想起 1983 年的那个春天，在万物复苏的春天，他放弃了高考，参加了飞行员的选拔。

这是梨花盛开的季节。梨花在苏轼的笔下，是这样的："梨花淡白柳深青，柳絮飞时花满城。惆怅东栏一株雪，人生看得几清明。"

梨花枝上层层雪，则是杨利伟看到的。那年梨花凋零时节，也是杨利伟收到飞行员录取通知书之时。梨花之"梨"，难道也是别离的隐喻吗？

绥中县属暖温带半湿润大陆性季风气候，特别适合秋白梨的种植。绥中白梨则是个中精品，开花早，坐果晚，别的梨子已经上市了，绥中白梨还高高挂在枝头吸收天地日月精华，糖化着它丰沛的汁水。漫长的冬季里，在物质还不算丰富的二十世纪六七十年代，冻梨几乎是绥中普通

人家冬天唯一能吃到的水果。把白梨放在室外冻成一坨乌黑的硬邦邦的冰疙瘩，吃的时候把冻梨放在凉水中浸泡，化透捞出来就可以吃了。花盖梨、秋白梨、白梨、尖把梨都能做冻梨，但杨利伟觉得只有绥中白梨做的冻梨最好吃。多年之后，物流快递发达，天南地北、国内国外各种水果应有尽有，最难忘的仍旧是家乡的白梨。

冻梨放在水里解冻的过程，绥中人叫"缓"或"消"，当地有一个歇后语"年三十晚上的冻秋梨——你找消啊！""消"与"削"音同字不同，这就是东北方言"你找削啊！"（你找打啊！）的由来。

认识杨利伟的人都觉得他说话风趣幽默，似乎验证着每一个东北人都是天生的段子手。但其实小时候的杨利伟性格腼腆、胆怯，甚至过年的时候突然听着鞭炮声也会被吓得一激灵。父亲会带他去附近的山上爬山，去河里游泳，到野外鼓励他上树摘果子练胆量。绥中县城十公里之外就是止锚湾，是传说中曹操"东临碣石，以观沧海"之地。止锚湾是渤海的一个天然渔港，春天的渤海海面空旷清冷，是中国传统色石青与石绿的融会与叠加。白居易的《忆江南》中"春来江水绿如蓝"，在这里就可以改作"春来渤海绿如蓝"。

面对大海，父亲会高声吟诵曹操的《观沧海》：

东临碣石，以观沧海。

水何澹澹，山岛竦峙。

树木丛生，百草丰茂。

秋风萧瑟，洪波涌起。

日月之行，若出其中；

星汉灿烂，若出其里。

幸甚至哉，歌以咏志。

父亲也会鼓励杨利伟对着碧蓝的止锚湾跟着他大声诵读，背不过，没关系，父亲一句一句地教他。多年之后，无论杨利伟在何种场合发言，都不会怯场。童年的海边练习早已让他克服了内心的羞赧与畏惧，海风、海浪、海鸥、一望无垠的止锚湾，都是他的听众、他的观众。年少时曾经登临过如此广阔、浩渺的舞台，也就不难理解成年后的杨利伟，在公众面前的每一次亮相都是那样的从容淡定、处变不惊了。

春种一粒粟，秋收万颗子。如果把春夏秋冬类比为人的童年、少年、壮年与暮年，那春天就是一个人的童年。童年会决定一个人的一生，幸福的人用童年治愈一生，而不幸的人则用一生疗愈童年之殇。

2022年"六一"儿童节前夕，人民日报《大地》副刊邀请中国首位航天员杨利伟、中国科学院院士施一公和儿童文学作家金波分别撰文，结合各自的经历分享成长历程与人生感悟。杨利伟在《长成最棒的自己》结尾处写道：

> 一个人小时候的经历是他生命的基石，他后来的人生怎么走，一般都能在小时候的生活中找到源头。小时候培养了什么爱好，树立了什么理想，会对他的人生产生潜移默化的影响。长大后如果有机会，他就会去从事与此相关的工作，并从中获得快乐，获得成就感。我衷心希望小朋友

们努力学习，快乐成长，培养对未知世界的探索兴趣，锻炼对困难挫折的挑战勇气，长成一个最棒的自己，大家一起努力建设我们的祖国！

杨利伟：中国首位太空探路者

桂殿秋·待启航

心有泪，不轻狂，清茶一杯夜未央。
家人话别流光暗，雾霭云开待启航。

第二章

飞天

蝉　蜕

"抬头、挺胸、收腹，两腿挺直，两手压紧裤缝。"烈日下，教员的口令清冷得像一块冰。

1分钟，2分钟，3分钟……

夏日骄阳毫不留情地炙烤着，蝉鸣阵阵，让人更加心生烦躁。烈日下的杨利伟切身体会到了"相对论"：就在不久前的校园里，课间十分钟倏忽即过，而此时此刻的十分钟却漫长如一个世纪。人被太阳晒得头发胀，军帽笼盖下的头发丝早已被汗水浸透，军帽吸附了汗水在收缩变紧，如同孙悟空的紧箍咒。汗水顺着脸颊蜿蜒流淌，眉毛是丛林，眼窝是峡谷，鼻梁两侧是天堑之间的沟壑，汗水如雨后的溪流欢快地潺潺而下。

20分钟之后，汗水已经把全身泡透。

40分钟，身体里的水分已然不足，几近干涸，湿透的衣服已经被气温与体温烘干。

在运动场上拼搏

50 分钟，嗓子开始起火，有点恶心，视线变得模糊，明明近在耳边的蝉鸣声也变得遥远，缥缈，似有还无。盼望树荫，渴慕清风，希冀凉意。

60 分钟。"立正！稍息！休息。"没有人动弹，不是不想动，而是动不了。膝盖早已疼得不能打弯。

1983 年夏天，保定航校一共招收了 1700 多名学员。保定航校的前身是江西南昌人民解放军空军作训大队，从建国初到 1959 年共计培养了九期空军飞行学员，1959 年从南昌整编转场落户古城保定。保定航校是空军重要的训练基地，主要做前期培训。这里是许多飞行员的起点，但那时没有人预见这些站在起点的飞行员青苗中将会产生中国第一批航天员。

新学员被分为 16 个学员队。杨利伟被编在 15 队 10 班，并被任命为副班长。他不再调皮，不再要小聪明。杨利伟的变化，从他踏上火车的那一刻就开始了。在他平静、沉默的外表下，内在的小孩在悄然发生着蜕变。成长需要时间，成熟往往只在一瞬间。

杨利伟（右一）最擅长百米跑

辽宁省飞行学员是报到最早的一批。那一年，辽宁省一共招收飞行员 120 名。打扫航校卫生、迎接后续报到学员的任务便光荣地落在他们肩上。这些前几天还在家十指不沾阳春水、衣来伸手饭来张口的半大孩子，穿上军装之后，在教官的指导下学习整理内务，扫地、擦窗户，一夜之间都长大了。脸上的稚气，被早操的汗水、定型训练的汗水一遍遍地冲刷，以肉眼可见的速度消退着，属于男子汉的刚毅棱角一点点浮出水面。

来保定航校前，单纯的杨利伟以为报到后自己就要开始学习飞行技术。入校后才知道保定航校主要做前期培训，包括学习文化知识、进行政治教育、接受军事训练、完成体能达标。保定航校的定型训练堪比美国西点军校的"野兽营"，强度已达到或接近人类的生理极限。这些魔鬼训练把飞行学员的身体潜能彻底激发出来，让他们的体能、毅力、反应在一次次地挑战中趋向最佳。经历过极限挑战之后，以后无论面对怎样的训练都能轻松应对。

除了高强度的体能训练，保定航校在学员的文化课上也毫不放松。新一届学员报到一周便进行了摸底考试。考试前，学校宣布：成绩不合格者，将会被退学。气氛一下子紧张起来，出完操，所有人都拿起书本默默复习。走进航校前的每一步，每个人都走得不轻松，甚至是很辛苦，这个时候没有人愿意当孬种，为了梦想，大家都在拼尽全力。第一次摸底考试，杨利伟考得并不理想，不上不下的中等水平。对比了一下那些文化课遥遥领先的学员，杨利伟暗下决心，一定要赶上甚至超过他们。一个月后，学校再次组织考试，杨利伟从中游一下子跃升到排头。进步神速让领导刮目相看。

七月的一天，出差路过保定的父亲特意来航校探望杨利伟。父亲对自己第一次离家的儿子，那个调皮的常常不按常理出牌的儿子，有着太多的不放心，不亲眼看一看，那颗悬着的心始终放不下来。

一个月的高强度体能训练，一个月的文化课学习，杨利伟无论是训练还是学习都名列前茅。队领导知道杨利伟父亲来航校的初衷，他们在父亲面前一五一十地表扬了一番杨利伟。

从见到儿子，父亲脸上的笑容就没有隐退过。但杨利伟依然从父亲的眼睛深处看到了盈盈的泪光，那是欣喜、欣慰的眼泪。这个从前总是被人告状的孩子，在父亲面前终于被表扬了一回。

在保定航校的最初几个月，包括杨利伟在内的1700

多名新学员，从神经到身体整天都是紧绷着的，哪怕睡觉休息时，思想中也有一根弦是拉满弓的状态。三个月之后，习惯成自然，起床的时间、进餐的时间、洗漱的时间……时间没有延长，与以前并无二致。但频率与效率加快之后，在时间不变的前提下，每个人都变得从容不迫起来。纪律与时间渗透进骨血，成了所有人的一部分。看问题的角度、做事的习惯、工作的作风、生活的方式，在航校的人生第一课，杨利伟是优秀毕业生。

83级15队一共120名学员。一年之后，淘汰了20人。飞行员是个高度危险的职业，与它的危险相匹配的就是挑选飞行员的无情与残酷，好中选优，优中选强。只有体力、智力、精力、心力、脑力综合最强的真正强者才有机会去拥抱蓝天。

蓝天很近，也很远……

我飞起来了！

　　1984 年夏天，结束保定航校一年学习的飞行学员，根据各自的身体条件被分配到不同的航空学校和学员队。个子高的会飞大飞机，即运输机或轰炸机；个头小的会飞小飞机，即歼击机。身高 1.68 米的杨利伟被分配去学小飞机。杨利伟开心得快要飞起来了，驾驶战斗机翱翔天翥，那是他梦想的起点。昔日的"小小飞行员"又离自己童年的梦想近了一步。

　　离开保定，杨利伟来到了甘肃空军第五航校，四个月后又转到新疆空军第八航空学校。

　　出生成长在东北的杨利伟能耐受大西北的寒冷气候，却无法接受这里的食物。黑土地丰富的物产与沿海而居的生产习性，让他从小习惯适应了海的味道。而新疆空气中甚至都弥散着羊肉的膻味，对于喜欢的人而言这是天赐的美食，但对杨利伟而言却很难适应。

攀岩训练

最难的还不是对环境的适应，而是来自训练的压力。从招飞入伍到真正成为飞行员，平均淘汰率超过80％。即便是那20％的幸运儿，在后续的训练中依然时刻不能松懈，稍一不慎就会面临淘汰。训练严格按照大纲来进行，分低、中、高三个类别。大部分学员在中等大纲能脱离教员的帮带单独飞行，少部分天赋型学员在最低纲时便能达到单飞的标准。最不可救药的一类是到了最高大纲时依然没有进入状态的学员，那就只有一个结果：停飞。飞行科目很多，每个科目都做专项的单飞训练。每个人都希望自己能被教员批准第一批单飞，那是被认可的最高奖赏与荣光。

杨利伟是新疆空军第八航空学校的第39期学员，从进入航校到毕业，被淘汰停飞就一直是一把悬在包括他在内的所有学员头上的达摩克利斯之剑。

　　1985年夏天，杨利伟迎来了学习飞行以来的首次单飞。

　　他做好了一切准备，向着飞机走去。蓝天，白云，首飞。在飞机前，他略有迟疑，定了定神。身后那个一直用关切的目光锁定他的教官并未察觉他的异样，但只有杨利伟自己知道，在他定神的那几秒钟里，心已走过了千山万水。他每一步都走得很坚实，踏上旋梯，进入机舱。仪表盘上的各种仪表早已刻在脑子里，他又把教员已经强调过

飞行一、二大队全体学员在新疆哈密合影，杨利伟在一排左一

一百遍的程序在脑子里又过了一遍。很快，指挥员给出了滑出的指令，机旁的地面人员伸出了大拇指。杨利伟知道，自己多年等待、奋斗的这一刻来到了。

滑行。拉起。杨利伟飞起来了！与蓝天为伴，与蓝天同行，与蓝天融为一体。

其实，这个时期的杨利伟作为天赋型飞行员的素质已经开始逐步显现，起飞、降落、空中射击、编队、打地靶……虽然不是全部，但大部分科目杨利伟都是第一批单飞。他的身体素质好，抗过载训练轻松过关。虽然高速翻滚训练一度成为拦路虎，但他咬紧牙关，在正常的打旋梯训练之外，还用上了教员们传授的土办法，左手捏右耳，右手捏左耳，原地打圈。练习到精疲力竭，坚持到体能电池耗光的最后一刻，让身体适应高速的不规则翻滚，不再抵触、排斥这种感觉，而是默认为可以接受的状态。杨利伟以惊人的毅力克服了这一关。

一级飞行员

　　1987年夏天，杨利伟以一门89分、其他科目优秀（90分以上）的成绩毕业，被分配到甘肃原空军某师飞行团，一年后随部队转场到陕西。在这里，杨利伟有了自己的武器，"强–5"强击机。

　　"强–5"是中国自主研发的唯一一款强击机，属轻型、超音速战机，曾一度是中国空军对地攻击的主力机型。从20世纪70年代开始作为主力机型装备部队，大量部署在边境机场，用于低空、超低空对地面或水面战术、战役纵深目标和有生力量进行攻击，直接支援地面部队作战。

　　对于自己的战机，杨利伟像爱护自己的眼睛一样去呵护它。战机是飞行员的第二生命，要像熟悉自己的身体一样熟悉它，知道它的优、缺点，接纳它，适应它，照顾它。只有这样，才能在关键时刻人机合一，在生死悬于一线、命运系于一发时同休戚、共进退。

1992 年夏天，杨利伟在新疆巴音郭楞蒙古自治州和硕县马兰飞机场执行训练任务。那天，他驾机在吐鲁番艾丁湖上空做超低空飞行。艾丁湖是吐鲁番盆地的最低处，也是中国陆地的最低点。艾丁湖不同于其他湖泊的地方是湖面上的盐壳。它外圈是湖积平原，地表是坚硬的盐地，中间一圈是盐沼泽，下面是淤泥，除了冬天，人很难走进去。

飞机飞得很低，几乎贴着白色的盐碱地高速前行。突然，一声巨响，杨利伟的心"咯噔"一下。这时，飞机仪

杨利伟驾驶的强击机

表显示汽缸温度升高，发动机转速在下降。杨利伟瞬间判定：这是"空中停车"事故。处理方式不外乎，要么弃机保全飞行员；要么竭尽所能保住飞机，一旦错过逃生时机，很有可能导致机毁人亡。哪怕是王牌飞行员也不敢保证在遭遇"空中停车"时能完美避险。

危机面前，杨利伟再次展现出难得的静气。他没有去想后果，只想如何解决问题，如何把自己心爱的战斗机开回去。所幸，停止工作的只是一台发动机。依靠剩下的那个发动机的动力，杨利伟慢慢收紧油门，握住操纵杆，把飞机一点点拉起来。他平静地向塔台报告自己的情况，无线电波传回基地的是一个平静无澜、水波不兴的声音。500 米、1000 米、1500 米……杨利伟飞越天山山脉，飞回了机场。

在新疆集训一年，年底回到陕西，杨利伟所在的空军某师整建制裁军，飞行团集体转到四川航空兵团。杨利伟的人生在这里开始出现岔路口。身边的战友有的转业，有的改行，还有的想尽一切办法办理调动。要说情绪不受一点影响那是不可能的。彼时的杨利伟已经是二级战斗机飞行员，按照安全飞行时间和技术积累程度，飞行员分为特级、一级、二级和三级。一名三级飞行员需要 700 小时的安全飞行时间，一级飞行员需要 1000 小时以上的飞行时间。而杨利伟已经飞行了近千小时，离一级战斗机飞行员仅一步之遥。他在内心问了自己三个问题：

问：是走是留？

答：留。

问：还要不要坚持当王牌战斗机飞行员的理想？

答：要。

问：这是最后的决定吗？

答：是。

之所以留下来继续坚持最初的理想，还有更重要的一点就是家人的支持。他们尽管担心，却从未反对过杨利伟的追梦之心。不仅不反对，而且还全力支持。

然而，选择继续留在四川航空兵团的杨利伟很快就面临着另一个艰难的选择：改机型，由"强–5"改"歼–6"。这是一个非常严峻和现实的问题，基本相当于从头学过。甚至有战友不惜受处分，也不愿意接受由强击机改为歼击机训练。

杨利伟选择接受。军人的天职就是服从命令。他用时两年，从头开始飞完了歼击机的基础课目，掌握了全部技能。从首飞到1996年，作为飞行员的杨利伟年年全勤，安全飞行 1350 小时，成为一级战斗机飞行员。

　　机会总是留给有准备的人。这厢杨利伟刚准备好，那边的机会也恰逢其时地敲响了门。

"夏"来草木亦苍然

中国人以"十"为基数来复盘人生的思维模式应该始于孔子吧。《论语·为政》一文中，子曰："吾十有五而志于学，三十而立，四十而不惑，五十而知天命，六十而耳顺，七十而从心所欲，不逾矩。"

一个人一生到底有多少个十年？

苏轼《江城子·乙卯正月二十日夜记梦》里有"十年生死两茫茫，不思量，自难忘"，写尽了对亡妻的追忆和对世事沧桑变迁的感慨。黄庭坚《寄黄几复》里有"桃李春风一杯酒，江湖夜雨十年灯"，写的是对真挚友情的深切感怀。杜甫《天边行》里有"九度附书向洛阳，十年骨肉无消息"，心怀大爱的老杜，无时无刻不在悲天悯人。杜牧《遣怀》里有"十年一觉扬州梦，赢得青楼薄幸名"，小杜明显没有老杜的家国情怀，在最好的年华里蹉跎岁月。王安石《赠僧》里有"纷纷扰扰十年间，世事何尝不

强颜",两次拜相、两次罢相,宦海浮浮沉沉许多年的王安石,与苏轼恩怨半生,是一生政敌却又惺惺相惜……唐诗宋词里的"十年"随处可见,俯仰可拾。

　　杨利伟人生的重要节点,也大都是十年一个,十年又一个。这个十年在人生的十字路口向左走,待到下一个十年,复又向右走。没有停滞,唯有向前。

　　1983年春末夏初,杨利伟穿上军装飞奔向从小梦寐以求的蓝天。十年后,已经成为一名成熟的飞行员的杨利伟经历了一场惊心动魄的空中生死时速，在做超低空飞行训练时遭遇"空中停车"，最终安全脱险。

大多数人只知道青海有座原子城，而对马兰原子城相对陌生。它们一度都是极为神秘的所在，不为外界所熟知。二十世纪五十年代，中国决定研制核武器，选址青海戈壁滩，在这里建起了中国第一个核武器研制、试验、生产基地，简称221厂。而中国人民解放军第21试验训练基地则是中国第一个核试验基地，简称21所，后来被称为马兰基地。只因基地周围遍开蓝紫色的马兰花。

"小皮球，架脚踢，马兰开花二十一。二八二五六，二八二五七……"这是一首流传大江南北妇孺皆知的童谣，但这并不是一首简简单单的童谣。其实"小皮球"的真实含义是当时工作人员对原子弹的代称"邱（球）小姐"；"架脚踢"指的是试验场上一座102米高的铁塔（梯）；"二十一"就是马兰基地的"21所"。

杨利伟目瞪口呆，原来姐姐小时候跳皮筋时哼唱的歌谣，一首所有人习以为常的童谣，背后居然还藏着这样一个世人不知的真相。

马兰机场在马兰基地机关所在地马兰村以西大约15公里处，北依天山，南傍博斯腾湖。杨利伟是渤海边长大的孩子，身体的每一个细胞都适应了温暖湿润的内地低海拔气候环境，来到干燥的高海拔大漠戈壁，他着实适应了一段时间，鼻血流了足足半个月才逐渐好转。一说起大漠戈壁，所有人第一反应就是风沙。大风、黑风、浮尘、扬沙、沙尘暴，这些无一例外杨利伟都体验过。马兰也有好时光，这里的春天和夏天都比家乡绥中要来得晚一些。桃花红、杏花白，骆驼刺也有春天，会开出一小朵、一小朵黄白相间的小花。马兰花夹杂在骆驼刺里顽强吐芳，尤其是博斯腾湖岸边，有一大片马兰花，成为茫茫戈壁上的一抹蓝色妖娆。

杨利伟小时候看过一部黑白歌舞电影《马兰花》，传说在马兰山的山顶，住着仙人马郎，他培植了一朵能给人带来幸福的马兰花。马兰山下，住着一户人家：王老爹、王妈妈和他们的两个女儿。姐姐大兰，好吃懒做；妹妹小兰，勤劳善良。故事的核心是勤劳勇敢与懒惰怯懦的对立，在电影的结尾，勤劳勇敢最终战胜了懒惰怯懦，收获了幸福。

老家绥中也有马兰花，因为工作的关系，杨利伟几乎走遍了中国，他在很多地方都见过马兰花的身影，这真是一株生命力极强的花。

马兰花的花色比天空的蓝色更深厚一些，却又不是简单纯粹的蓝，而是蓝色中揉入一抹妖媚的红，蓝与红融合后跳脱成了风情妖娆的紫，精灵般在戈壁滩清凉的风中肆意绚烂。花开至荼蘼，马兰草会茂盛异常，宛如天然的草墩子，坐在上面异常清凉。不过老战友叮嘱过杨利伟千万不要坐在马兰草上，它深扎地下的根系周围不是蛇窝就是蚂蚁窝。马兰生在旷野，但它本性为兰，梅兰竹菊的"兰"，空谷幽兰的"兰"。中国人喜欢以兰喻君子，君子若兰。何为君子？且看马兰，根植于旷野沟壑，不求闻达，比邻蛇鼠而自成芬芳。

待春天的花期过去，夏来草木亦苍然。葱茏葳蕤的马兰草便是茫茫戈壁上的生机与希望。

夏天还会有新疆的特色瓜果，葡萄、哈密瓜、香梨、杏子、西瓜应有尽有，个个甜得发齁，这样甜的瓜果杨利伟只在新疆吃到过。但杨利伟最惦念的还是绥中白梨，那清甜的家乡味道。

这里的夏天是火热的，人生的夏天也是火热的，像一炉咕咕沸腾的铁水，将人百炼成钢。

一个飞行员的自我问答

杨利伟

　　刚得知要在两年时间内必须完成"歼 –6"的全部课程时，我确实一度情绪低落，巨大的压力使我夜不能寐。每当仰望夜空中忽明忽暗的星星的时候，我一次次跟自己的内心展开对话。这是自我心理调节的一种方式，无论是新疆外训时茫茫戈壁上的呼喊，还是神舟五号成功返回后的独自沉思，这种自我问答让我更加清晰地知道我是谁，我在做什么，将来会做什么。

　　有不少朋友跟我聊天时会问很多问题，令我常常反思，回顾一路走过的点点滴滴，我在这里跟读

者朋友们共同分享一下我的感受。

问：给自己一个评语吧，你对自己满意吗？

答：我对自己呢，还算满意。意志品格很坚定，训练学习肯下功夫非常刻苦，理想信念坚定不移，我应该是中国人民解放军中千千万万优秀军人中的一名。不论是在南疆戈壁、还是在航天员训练中心，祖国人民把我放在哪里，我都会尽己所能，让人民满意，让祖国放心。

但是在家庭方面，我远离故乡，没能在父母身边尽孝守候，也缺少对妻儿的照顾。如今父母已远去，我空有尽孝之心而无法弥补一直是我心中的痛楚和遗憾，但我清楚，深明大义、知书达理的父母会一直以我为骄傲。小家、大国的思想一直在每个中国人血脉里奔流。每当战士们唱起"家中的老妈妈已是满头白发"，我都不由得热泪盈眶。

问：军人职业真正的吸引力是什么？一个军人如何看待自己？

答：作为一个有着 26 年军龄的老兵，和刚当兵的时候比较，我对军人的理解不一样了。刚当兵的时候，觉得军装穿起来很神气，现在，我觉得作为一个男人，去当兵服役，是一种责任，很神圣。不单是我们国家，世界上的所有国家都是这样，军人这个职业本身就意味着奉献和牺牲。很多的军人，特别是很多优秀的军人确实做到了这一点，在奉献与牺牲中建功立业。

和平时期，可能大家对军人的情感有些淡化，但在老百姓的内心深处，对军人的尊重和对军人这个职业的推崇是没有任何改变的。人民军队听党指挥、服务人民、英勇善战的光荣传统是它最大的魅力和吸引力，在困难面前，老百姓首先想到的是军人，灾难降临的时候，只要一听说解放军来了，老百姓就会安下心。人们对军人充满敬意，哪怕只是个战士，一说起来，别人都尊敬他，虽然看起来都是在那里站岗，但士兵跟保安就有区别。

抗震救灾过程中那 15 位空降兵，在自然条件非常恶劣的情况下从天而降，抛却了生死，这肯定是一种牺牲和奉献的精神，当国家需要、人民需要的时候，军人义无反顾，不惜献出自己的生命。军人的奉献和牺牲换回更多人民的利益，赢得国家的利益。这是信仰也是理想。

我们的载人航天工程也是这样，我记得在神舟一号升空的时候，当时是无人舱，大家就说如果这次让我们上去，我们干脆就上去，没问题，牺牲就牺牲了。所谓"一个人的生命，或轻于鸿毛，或重于泰山"，当你往深里去考虑这个问题时，就会觉得：人活着，一是需要精神力量的支撑，二是确实需要活得有意义。军人最享受的就是精神上的满足。

问：你有过沮丧吗？为什么感到沮丧？

答：我虽然个性非常坚强，但也有脆弱、沮丧的时候。我们每个人平时都会遇到一些挫折，或者有什么事情不开心。比如我在某个飞行课目上，这一次没有飞好，成绩没达到预期，或者是领导来检查的时候，本来应该表现一下，但没表现好，是可以做到的，却没有做到，回去之后就会很沮丧，可能一两天都会不开心。还翻来覆去地想，怎么会这样呢，我那个地方本来应当怎么做。

人在成长过程中都会有这种经历，有时会沮丧，会感到很失落。你尽到了努力，付出了很多，在需要的时候却没有达到你所期望的目标，而且可能有些结果不是你的原因造成的，这时你会感到很失落。这个时候，我会去调整自己的心态和情绪。我觉得这种情绪很正常，没有人一直活在情绪高涨中，每个人都要学会调节自己的情绪和心态，向积极方面引导。

问：你有什么宣泄情绪的方法？如何排解自己的情绪？

答：人总会有情绪变化，我也是个敏感重情义的人，不过说实话，自从入伍之后，我基本没掉过眼泪。在不开心的时候，我往往会到室外转一转，散散步，特别压抑的时候，会到一个空旷的地方喊两嗓子。

除了喊，不开心的时候我会听音乐。流行音乐和古典音乐我都喜欢。我在部队时连冰箱都没买，拿着父母给我结婚的钱先买了套音响。特不开心的时候，就听节奏激烈的音乐，比如摇滚。工作压力比较大的时候，我会听安静一些的古典音乐，钢琴曲、小提琴曲。音乐会让人放松下来。可能我所理解的并不是音乐本身表达的东西，但在听的过程中，我会产生自己的一种思想或者一种场景，音乐会把你内心深处的很多东西释放出来。

有的人靠抽烟和喝酒来排解情绪，但我不会。我压根就不抽烟，一直不抽烟，喝酒也不行，酒量很小，基本上也不喝。

问：为什么选择继续飞行？飞行对你意味着什么？

答：我没有放弃，是对飞行事业的热爱使然，它寄托着我的追求和理想。我希望什么时候能够达到一个很高的境界，有很多新型的飞机想去尝试，看我能否成为一个真正的优秀飞行员，成为"王牌"飞行员，要朝这方面去努力。当航天员后飞行是在太空，这对我更是一种诱惑，虽然执行了一次任务后，再执行任务的机会并不多，但我时刻都做好了再次飞行的准备，我坚持航天员各项训练并保持成绩名列前茅为的也是再次飞行。

人总是有进取心、上进心的，遇到一些大的选择机会，对人生来讲，它可能就是你的拐点。部队撤销了我转不转业，要从头开始改机型我改不改，这就是考验我的时候，也是我的拐点，现在看，我当时没有拐错，假如说那个时候拐到别的地方，就没有后来当航天员的机会了。当然不是说别人拐得不好，现在民航系统也有相当一批领导是我的同学，他们同样为社会做出了贡献。

对年轻战友或青年朋友，假如要提什么建议，我觉得自己的喜欢、爱好是很关键的，在条件允许的情况下，你要让你的爱好与事业目标尽可能地一致，这样会比较容易促使你达到成功，有这种情感的内因起作用，做什么事都会事半功倍。

问：说到一个人的理想和立志，这个理想如何与实际工作结合起来？

答：在理想和幻想之间，有非常关键的差别，好多不切合实际的想法，不仅没有任何激励作用，反而会影响一个人的心态。

我跟青年人交流的时候，会告诉他们，"在实际工作和生活中超越自我的过程，才应该是你的理想。"我们讲"不想当将军的士兵不是好士兵"，这是不错的，但你的理想太大、太空、太远就没有实际意义了。即使想当将军，也得从当好一名士兵一步步做起。我觉得立志有很多方面，一个远大的目标是一种立志，在本职工作的基础上稳步确立方向也是一种立志。

我也是一样。当飞行员的时候，就想我什么时候能当飞行教员，到了飞编队的时候，就想我什么时候能当长机。在不同的阶段，会有不同的追求，这个追求不是你的远大理想，而是一个接一个的具体目标。

立志是不断探索、不断实现的过程，只有这样才能达到自己的理想。好多人问我有什么偶像，我的偶像每个时期是不一样的，多是英雄人物，我崇拜他们的精神，并把这种精神复制到我自己身上投入到本职工作中去完成理想和志向。

问：什么会影响一个人的选择与坚持？

答：选择一个自己喜欢的职业，能够遇上一些很好的师长，很认真地看几本对你有益处的书，结交几个志同道合的朋友，都能非常好地促进你。很多优秀的人，各行各业，做企业的，当公务员的，搞艺术、体育运动的，优秀的人比比皆是，他们现在很出色，实际上当初他们就是找到了喜欢的事业，和一群志同道合的人，一步步抓住机遇地发展，到后来就变得很强大了。

即使是现在，部队的发展方向也很多，在连队或者在机关院校，选择一个你确实很喜爱，又比较擅长的位置，往那个方向去发展，会更顺利。很多人遇到挫折了，没有坚持下来，实际上他是对从事这项工作动摇了，对追求动摇了，没有从内心里去热爱它，如果你真正热爱它，你不会轻言放弃。常见有些人兴趣很容易转移，这在做成一件事业上是挺要命的事，所以凡能最后有所成就的人，都不会见异思迁。

当然在实际中会有许多因素影响你的坚持，但你应当不为所动。比如当时我在航校的同学转业到民航了，他反馈的信息，工资高很多，不是一倍两倍的差距。作为飞行员，待遇并不高，加上家属随军工作往往不理想，经济条件较差，不去想是不可能的，但你反过头来想你的志向、你的追求、你的爱好，会不会动摇，这就是考验的时候。

问：你为什么能够全勤飞行，仅仅是因为好强吗？

答：我在空军飞了 15 年，没有因为身体原因住过医院。如果因为身体不适耽误飞行，我觉得是很可惜的，所以平时就很注重身体锻炼。而且我当飞行员的时候，非常不愿意耽误飞行日，我们叫一年出全勤，就是一年不耽误一次飞行。这不是规定的，我就是想出全勤，不想因为身体不好影响飞行，也不会因为自己有什么事放下飞行训练。

飞行时间到年底会有一些评比，不是说到年底一定会怎么样，会有什么重要奖励。我觉得是一种上进心，大家到年底会看出全勤的今年会有哪些人，一个团里也不会有几个，但其中有你，这是作为飞行员的一种荣耀，我非常珍惜它，包括最后我们部队面临解散的时候，我都没有放松飞行。

问：产生当航天员这个志向是什么时候，很早就接触这方面的内容吗？

答：我当飞行员时就知道世界上有航天员，因为毕竟是离得最近的一种职业，至于自己是否能够成为航天员，当时真的是不敢想。我们国家的航天工程是 1992 年立的项，虽然立项了，但最初整个项目主要是从科研的角度来做。我在空军时对航天领域并不了解，作为飞行员，对航天方面的内容比较感兴趣，因为它们有很多相通的地方，而且，那时候国外的航天员有很多是从战斗机飞行员中选拔的。所以，看到相关的报道和书籍，我就在心里想：我们中国什么时候也会这样？我们飞行员可不可以也去做航天员？但只是个朦胧的想法，毕竟，当时我们国家的航天科技水平还没发展到这个阶段。

终于有一天，得到了选拔航天员的消息，我的积极性非常高。但我对自己谈不上有信心，因为老觉得这个目标离自己很遥远，那么多优秀飞行员，怎么能够排到你呢？但是潜意识里，我真的非常渴望，对选拔航天员的消息也特别关注。我对自己的身体健康状况还是很有信心的，在当飞行员的多年时间里，没有住过一次医院。我在空军飞了15年，很多年份都是飞全勤。

菩萨蛮·黄河远上

黄河远上初秋晚，航天城外云崖暖。
甘肃暮烟青，酒泉一世惊。
屈原千古叹，今日冲霄汉。
醴酪送亲人，半杯红酒醇。

第三章

航天

选 拔

青岛，空军疗养院。

1996 年初，海风寒凉，时刻让人保持头脑清醒。在一个不适合海滨休憩疗养的季节，这里却反常地聚集了886 人。他们全部都是现役飞行员，而且是为了同一个目标来到了这里。

此刻，杨利伟正在接受着与以往任何一次都不一样的体检。他所知道的和他从未见过的医疗与测试手段将他里里外外、从头到脚逐项地检查。每一个来到这里的飞行员都要接受这样的检查，节奏既紧张又缓慢，整整耗时一个月。参加体检的飞行员既严阵以待又好整以暇，每个人的眼神中都有着难以掩盖的渴慕的光芒。

谁能够脱颖而出？

谁将成为中国第一代航天员中的一员？

1956 年 10 月 8 日，中国国防部第五研究院正式成立，

杨利伟拜访我国两弹一星元勋钱学森先生

这是中国第一个导弹研究机构，也是中国航天科技集团的前身。中国航天事业的奠基人钱学森任院长。钱学森先生从毛泽东诗句"巡天遥看一千河"中得到启示，创造了"航天"这个词，老人家说："人类在地球大气层之内的飞行，叫作'航空'，在地球大气层之外的飞行则称为'航天'。"

1958年10月20日，酒泉卫星发射中心正式组建，主要担负火箭、卫星、飞船的测试发射和测量控制任务。这是当时中国组建最早、规模最大、技术最为先进的综合性航天发射中心，同时也是世界大型航天发射场之一。

中国迈出探空火箭技术的第一步是在1960年2月，

中国自行设计制造的"T–7M"试验型液体探空火箭在上海市首次发射成功，飞行高度 8 千米。

1970 年 4 月 24 日，中国第一颗自行研制的人造地球卫星"东方红一号"发射成功，中国成为世界第五个发射卫星的国家，开创了中国航天史的新纪元。

五年后的 1975 年 11 月 26 日，中国首颗返回式卫星在酒泉卫星发射中心发射成功，卫星在轨道上运行 3 天后顺利按预定时间返回中国大地。中国成为世界上第三个掌握卫星返回技术的国家。

1981 年 9 月 20 日，中国成功地用一枚运载火箭发射了 3 颗科学实验卫星，"一箭三星"。

1984 年 4 月 8 日，中国第一颗通信卫星升空，中国卫星通信业务由试验阶段进入使用阶段。

1992 年 9 月 21 日，中国航天史上迄今为止规模最大、系统组成最复

最基础的体能训练

杂、技术难度和安全可靠性最高的国家重点项目——中国载人航天工程正式实施，代号"921工程"。从空军现役飞行员中选拔预备航天员正是"921工程"的重要组成部分，分预选、初选、复选和复审四步实施。

飞行员预选是由当时的国防科工委和空军联合组成的选拔领导小组负责实施。领导小组面向全军现役飞行员，制定了严格的选拔条件：身高在160厘米到172厘米之间、体重55公斤至70公斤之间、年龄25岁至35岁之间的歼击机、强击机飞行员，累计飞行600小时以上，大专以上学历，飞行成绩优良，无等级事故，无烟酒瘾，近三年体检均为甲类，有坚定的意志、献身精神和良好的相容性。

符合以上条件的空军现役飞行员1500人，领导小组在调阅档案进行全面分析之后，筛选出886人。杨利伟是其中之一。

测试、淘汰，再测试、再淘汰

　　青岛空军疗养院的体检细致到没有经历过的人无法想象。飞行员体检本就与普通的健康体检不一样，而航天员的体检是在飞行员体检基础上的升级版。正如钱学森老人所言，飞行员是在大气层之内飞行，而航天员则

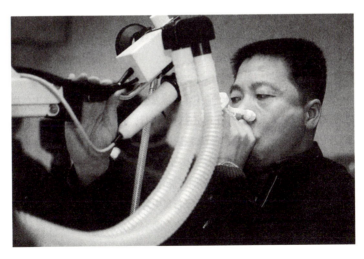

心肺功能测试

是在真空条件下飞行。基于职业特殊性的需要，对成为航天员的飞行员进行严格的生理因素检查。这一关，886人断崖式变成了90人。然而淘汰还未结束，青岛最后一轮检测，再次刷掉30人，只剩下60人。这60人分四批前往北京再接受更加科学的体检，这也就意味着淘汰仍在继续。杨利伟在进京体检的名单里，被安排在第二批。

复检在位于北京海淀区的空军总医院进行。因为要与到北京学习的团长同行，杨利伟提前三天第一个到了空军总医院。与他一样心情急切的飞行员不在少数，第二天、第三天，所有人都提前抵达。复检的十天里，杨利伟他们吃住在空军总医院的病房。每天都有不同的检查项目，甚至还包括临床反应。夜晚的北京比白天更繁华、妖娆。站在窗前，一扇能够看到外面五光十色的窗，玻璃透明，将杨利伟与外面的世界分隔开来。看得见却无法真正触碰。窗外车水马龙，熙熙攘攘，杨利伟的心却平静异常，一路走来，对喧哗与骚动的避让与放弃是他出自本心的选择，无悔，无憾。站在窗前的瞬间，一盏盏暖调的霓虹灯让杨利伟凭空生出一丝归属感，他有种自信，在不远的将来，自己的命运就要与"祖国心脏"北京一起律动了。

复检持续了十天，又淘汰了 20 人。此前所有的检测是由空军负责，至此，剩下的 40 名航天员候选人正式交由北京航天医学工程研究所。但这仍然不是最后的名单。

1996 年 8 月，在复检中胜出的幸运儿转场至北京航天医学工程研究所。在这里，他们要向冷冰冰的仪器证明自己天然具备航天员生理功能。在离心机上飞速旋转，承受几倍于自己的体重，从而测试胸背向、头盆向的超重耐力；在压力试验舱，仿真模拟 5000 米、10000 米的高空，

听力训练

在 5000 米时检查耳气压功能和低压缺氧耐力，10000 米时检查减压病的易感性；在旋转座椅和秋千上测试前庭功能，同时进行下体负压、立位耐力和心理测试……整整四个月不间断的测试，又淘汰了一半，还剩下 20 人。12 月底，全部测试结束，却迟迟没有宣布结果。

坐上离京返回四川的火车，北京缓缓退出视野。杨利伟在心里对这座城市说：再见，但我很快就会回来！

最稳固的"大后方"

回到飞行团，作为领航主任的杨利伟又回到了飞行员的工作与生活节奏里。杨利伟是自信的，他满怀希冀期待着最后的消息。

一周，一个月、两个月、三个月……依然没有消息。

复选航天员训练综合考试

杨利伟内心有一点点慌。每当自我质疑的情绪涌上心头，他都会在脑海中回放一遍在北京度过的 1997 年元旦的细节。

1997 年 12 月 31 日晚上，北京航天医学工程研究所的领导、专家与参加测试的 20 名飞行员一起迎接新年。在互祝新年快乐后，坐在杨利伟身边的一位专家悄悄叮嘱他："回去后不要喝酒，注意饮食卫生，保护好身体，千万别得传染病。还有，不要再参加有危险性的飞行课目训练，一点外伤都不能受……"在当时的场合下，杨利伟不以为然，那时的他仅仅把专家的话视作对他的关心与爱护。但回到四川之后，杨利伟忽然意识到那位专家应该是知道测试结果的，也许那番话是不能宣之于口的暗示与提醒。杨利伟谨遵专家嘱托，只除了一件事，飞行。他没有中断飞行训练，不仅天天带着新飞行员训练，自己还又飞行了 150 小时。

其实，北京航天医学工程研究所已经把坚持到最后的 20 位飞行员都列为了考察对象。航天员的选拔在当事人不知道的情形下，依然有条不紊地进行着，政审，家访，家族遗传病史筛查以及家人的心理承受度，这些都是评估考核的内容。就在杨利伟回到四川坚持飞行训练的几个月里，远在辽宁绥中老家的父母、亲戚以及家中的妻子都相继接受了考核组的问询。老父亲虽不明所以，但察言观色一番觉得调查组的人和颜悦色，对自己也是礼敬有加，绝对不会是什么坏事情。相较于心理出现波动的父亲，杨利伟妻子的反应更淡定、从容。

"如果杨利伟被选为航天员，今后的生活有所变动，你能习惯吗？"

"习惯，这么多年都是这么过来的。"妻子回答道。

"当航天员有危险，你同意吗？"

"同意，利伟当飞行员这么多年了，有危险不算什么事情。他看重自己的事业，无论他做啥，我都支持。"妻子的每一句回答都是杨利伟的加分项。

杨利伟自嘲偶尔在家也会表现一下

妻子名叫张玉梅，是杨利伟探亲回家时母亲的同事介绍的。细说起来，杨利伟与张玉梅还是中学同学，只不过不在一个班，上学时彼此不认识。鸿雁传书两年，水到渠成地结婚。部队规定，飞行员家属可以随军。婚后，张玉梅从学校离职，一直陪着杨利伟辗转四方，从西安到新疆，再到四川，再到北京安家航天城，成为他最放心、最稳固的大后方。

航天员：杨利伟

1997 年 4 月，中国载人航天工程指挥部汇总了专家意见，从一路拼搏到最后的 20 名飞行员中，录取了 12 人为预备航天员。杨利伟荣膺其中。

收到正式通知的杨利伟反而出奇得平静。

1998 年 1 月 5 日，12 名中国航天员正式由空军交给原国防科工委。航天员宣誓仪式在当时的北京航天医学工程研究所举行。

我自愿从事载人航天事业，成为航天员是我无上的光荣，为了担负起神圣的使命，我将热爱中国共产党，热爱社会主义祖国，热爱人民解放军，热爱航天事业，服从命令，听从指挥，刻苦学习，严格训练，爱护武器装备，遵纪守法，保守国家机密，英勇无畏，无私奉献，不怕牺牲，甘愿为载人航天事业奋斗终身！

宣誓人：杨利伟

1月5日，是中国人民解放军航天员大队的诞生日。对航天员来说，这是一个比他们自己的生辰还要重要的日子。至少杨利伟是这样想的。从宣誓完毕把名字签在国旗上的那一刻开始，杨利伟清醒地认识到他选择的不是一个职业，而是一种责任。航天员杨利伟人生新的一页翻开了。

中国航天员大队成立，杨利伟在一排左三

"红房子"里有春秋

　　航天城里最神秘的所在是那座红色的二层小楼，俗称"红房子"。它自成一体，门口有荷枪实弹的士兵严密把守，外人不得入内。即便是航天城内部的科研人员，未经许可也不能随意出入。这里面住的人并不多，只有14人。12名历经九九八十一难取得真经的预备航天员和2名已经取得"国际航天员"证书的航天员。周一到周五，他们必须住在这里，与外界隔绝，不能离开。哪怕他们的家也在航天城内，距离航天员公寓仅一步之遥。这里就是中国航天员公寓。

　　航天员的生活从遵守最严格的纪律、服从最细致的管理开始。在遵守部队条令条例之外，《航天员管理暂行规定》中还有"五不准"：不准在外就餐；节假日不准私自外出；不准与不明身份的人接触；不准暴露自己的身份；不准抽烟喝酒。

民以食为天，在吃什么、怎么吃这个问题上，航天员有严格的标准与规定。进驻航天员公寓的第一课不是别的，正是科学进食。虽然作为飞行员的他们以前就非常注重饮食，但与航天员进食的科学性相比还是相形见绌，小巫见大巫。但这并不意味着航天员吃得有多昂贵多精致。与大多数人一样，航天员也是一日三餐的家常菜，只是在营养成分摄入上有明确的标准，把合理搭配发挥到了极致。营养师为他们制定食谱，每天的食物都要留样保存，以免出现异常反应。周末，航天员可以回家，如果想在家里做一顿不合规却合自己口味的美食犒劳一下，说不定就在刚刚举起筷子准备大快朵颐时，营养师已经踩着饭点"笃笃笃"上门监督。航天员是否按照食谱进餐，是否遵守了营养师的配餐要求，在体检时便能一现端倪。三个月一次小体检，一年一次大体检。体检结果是日常饮食最直观的表现。一旦数值有明显变化就会回溯，甚至会被谈话。杨利伟对吃没什么特别要求，虽然他也有自己喜欢的口味与菜式，但在自己的个性需求与营养师的科学建议面前，他没有丝毫犹豫便选了后者。有朋友好奇，一直问杨利伟航天员每天到底在吃什么，在请示过领导，咨询过营养师与厨师之后，杨

着陆后的生存训练

利伟把外界觉得神秘实际上却没有特别之处的航天员食谱发给了朋友。

航天员食谱

周一

早餐：莲藕瘦肉枸杞粥、金枪鱼、酱鸡胗、葱花脆豆腐、西芹花生、糖醋大蒜、辣白菜

午餐：红烧大黄鱼、小炒牛肉、海带炖排骨、韭黄炒腊肉、海米冬瓜、砂锅娃娃菜、银耳鸡蛋汤

晚餐：水煮泥鳅、红烧鸡块、酱炒肉丝、腰果虾球、香芹炒肉、蒜蓉木耳菜、百合莲子汤

周二

早餐：二米粥、麻辣肉皮、酱鸭、辣炒绿豆芽、三色杏仁、红油豆腐丝、素炒藕片

午餐：姜汁大闸蟹、葱爆羊肉、辣子鸡肝、木须肉、松仁玉米、辣炒莴笋、酸菜豆腐汤

晚餐：清蒸武昌鱼、虾仁炒鸡蛋、红烧咕噜肉、草菇烧肉片、肉末豆干炒青蒜、酸辣圆白菜、三鲜汤

周三

早餐：醪糟鸡蛋汤、陈皮牛肉、哈尔滨红肠、三色腐皮丝、美极瓜条、素炒圆白菜、青椒土豆丝

午餐：锅子墨鱼仔、花江狗肉、啤酒鸭、银耳炒肉丝、青椒鳝段、小炒奶白菜、胡萝卜汤

晚餐：家常海参、辣子鸡、姜汁刀肉、榨菜炒肉丁、香辣豆角香干、炒莜麦菜、菠菜丸子汤

每餐水果：苹果、梨、橙子

每餐主食：面条、米饭、馒头

中晚两餐：建议多加入窝头、玉米、红薯等粗粮食品

虽然身处航天员公寓，但 14 人中真正持证的只有 2 人。要成为一名真正的航天员，路才刚刚开始。从祖国的四面八方汇聚到这里，每个人在心理上都是"气喘吁吁"，但时间不等人，没有给他们留下哪怕一分一秒可以坐下来喘息、休整的时间。在离开老部队之前，师长给杨利伟提了个醒："我对你的身体素质和飞行技术都不担心，今后面临的主要挑战是学习。你要学习大量载人航天的相关知识。"

跨越"58 级天梯"

　　师长的担忧很快就变为了现实。航天员规定课程 58 门,涉及理论、技术和训练,分基础理论、体质训练、心理训练、航天环境耐力和适应性训练、专业技术训练、飞行程序与任务模拟训练、救生与生存训练七大项,每一个大项里又包含多项甚至几十个具体课目。光基础理论就有 13 门课:载人航天工程、英语、计算机应用、解剖生理学、航天医学、地理气象学、高等数学、电工电子、自动控制、力学、飞船 GNC、星空识别、政治理论和文化知识素养。杨利伟与战友们将航天员课程比作"天梯",只有跨越这"58 级天梯"才能真正打开属于他们的航天之门。

　　第一阶段是基础理论学习。开的第一门课是《载人航天工程基础》,教材 16 开、600 页,囊括了载人航天各个方面的相关知识:飞行动力学、宇宙物理学、天文学、航天器轨道理论、火箭推进原理、空间导航。这门课需要在理解的基础上大量地记忆。已经很久没有背诵习惯的杨利伟重新拾起自己的这项技能。从这一天开始，杨利伟再没在晚上12点之前睡过觉。第一门课结业考，杨利伟以92分的成绩排在第二名。第一名是从俄罗斯留学回来已经持有"国际航天员"证的队友，在新入选的12名航天员中杨利伟名列第一。那种熟悉的感觉又回来了！杨利伟在理论学习上的自信迅速建立起来，他知道自己能行。天梯不是不可逾越的天堑，只要足够认真、足够努力。13门课程，杨利伟每一门都是优秀，虽然不是每门功课都考第一，但第一阶段的学习结束，杨利伟总评成绩第一。

训练发射求救信号

野外生存训练

第二阶段的专业技能训练，需要航天员熟悉飞船及各个系统的工作原理和模式，但凡飞船涉及的知识都需要学习。不仅要学飞船的结构与材料、电原理、太阳能帆板原理、天文学知识，还要学习飞船、火箭、发动机、燃料、发射场、发射塔架知识以及野外救生技巧。大家一边学习一边相互开玩笑，说如果每个人都练成十项全能，假如再有个分身，自己就可以把自己送到太空去了。玩笑归玩笑，学习时每个人都严阵以待。第三个阶段的综合训练以飞行程序和任务训练为主，训练环境是飞船模拟器。在此之前，杨利伟从来没有见过飞船模拟器。他找来飞船舱内设备图与电路图，贴在宿舍墙上，方便自己随时看、随时记。杨利伟觉得这样还不够，他又花了一万多块钱买了一台摄像机，把模拟器各舱段的每个角落都拍摄下来，剪成小视频，反复观看，设备名字、在什么位置、用途是什么，直观明了。每当闭上眼睛，平心静气回想，所有仪器仪表的名称、位置、颜色、形状、作用都了然于心。航天员飞行手册，一本关于飞船的说明书，类似于辞典，是供查阅的工具书。杨利伟硬生生地把手册从头背到尾。

国外培养的航天员分三类职业角色，指令长、随船工程师和载荷专家，执行任务时各有分工。而中国培养的航天员却是集三个任务于一人之身。这就要求受训的航天员必须有过人的本领、完备的知识结构和全面的能力。

训练的艰苦程度，没有经历过的人很难体会。这个世界上从来没有真正的感同身受，只有冷暖自知。

航天员执行飞行任务时，要离开人类赖以生存的地球。太空神秘、广

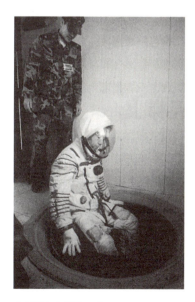

发射塔紧急撤离训练

袤，充满着未知。它是地球的容身之所，却不供给地球生命习以为常的重力、氧气、压力与水，飞船飞离地球进入太空，航天员要经历超重、失重、低压、旋转相互交替等一系列迥异于地球日常生活的情境。要想圆满完成任务，就必须进行航天环境适应训练，航天员所有的训练都是围绕这一目标展开的。

超重训练是最重要最基本的航天生理功能训练，培养航天员的抗负荷能力。超重与失重是航天飞行两大环境挑战。大型游乐场的"过山车"项目是能让人产生超重反应的，大概在 2G 与 3G 之间。几圈下来，大多数人头重脚

GNC 操作训练

轻不知东南西北，反应剧烈的还会头晕呕吐。其实在航空与航天飞行中都会遇到超重问题。战斗机飞行员在做飞行特技时，超重 G 值远比游客在过山车上经受的要大得多，只不过持续时间短。飞船在入轨前的上升段与完成轨道飞行返回地面时超重值又比战斗机高出许多，能达到 10G，且持续时间长。一个人承受自身重量十几倍的压力，其危险程度可想而知。离心机训练是有效提高超重耐力的设备。

此刻，杨利伟正坐在一只由 8 米长的铁臂驾起的圆筒里，半躺着，以 100 公里的时速围绕轴心高速旋转。监控器里的他面部肌肉变形下垂，肌肉下拉，整个脸只见高高突起的前额。这时的杨利伟正在承受着 8G 的重压。他右手按在一个红色的按钮上，进入离心机前，操作员告诉过他：如果承受不了就按下报警电钮。前胸后背像压着几百斤的巨石，心脏剧烈跳动，仿佛下一秒就要蹦出来，喉咙被死死扼住呼吸困难，接近于濒死的感觉。杨利伟的手虽然放在红色按钮上，但他从来没想过要按下去。所有的航天员在做这个训练时，无一人主动按下过那个按钮。

与超重训练截然相反的是失重训练。虽然也不舒服，但相比超重训练而言，失重训练算是友好的了。

海上生存训练

前庭功能训练的电动秋千，有的人 10 分钟也坚持不了，而杨利伟的耐受时间居然能达到 15 分钟零几秒。转椅项目训练，杨利伟的表现更加让人惊喜，第一天，第二天都能达到并且超过标准，第三天、第四天免训，第五天直接参加考核，成绩为优。至于航空飞行与跳伞训练、野外生存训练、寂静与孤独训练、飞行程序和任务训练，杨利伟都是一优再优。

中国第一代航天员诞生

就在航天员不断挑战自我极限进行艰苦训练的同时，中国的载人航天也已经发展到了一个全新的阶段。1999年11月20日，中国第一艘无人试验飞船"神舟一号"飞船搭乘长征二号F运载火箭，准确地按运行轨道在太空飞行14圈，历时21个小时，于11月21日凌晨在预定地区安全着陆。中国载人航天工程第一次无人飞行试验取得圆满成功。到2002年，中国已经发射了四艘无人试验飞船，均发射成功，距离中国首次载人航天飞行已经近在咫尺。

2002年10月，中央专门召开会议，同意2003年10月实施首次载人航天飞行。目标是"一名航天员，飞行时间为一天。"

消息传来，最初的兴奋过后，决定命运的竞争气氛瞬间变得凝重起来。虽然早就有心理准备，14位航天员不是人人都有机会遨游太空，但当真正的消息传来时，每个人的心底还是或多或少起了些许波澜。14 人中年龄最大的已经 42 岁，每天承受高强度的体能训练和生理心理的双重折磨，还要面对不确定的结果，一轮又一轮的竞争、选拔与淘汰。但没有退缩，每个人都在努力向前，从举起右手宣誓的那一刻起，没有一个人给自己预留退路。中国航天员的价值不仅仅体现在执行任务上，这是一代从无到有的艰辛探索，他们用自己的血肉之躯积累着经验，要为中国蹚出一条科学高效培养航天员的最优路径。

五年了，埋头苦训五年，要结业考试了。2003 年春节过后，中国人民解放军航天员大队进入了一级战备状态，航天员公寓的灯彻夜不熄。每一盏灯下都有一个奋斗不息的身影。彼时恰好"非典"肆虐，14 位航天员完全封闭在航天员公寓内，与外界断绝一切联系。

5 月中旬，考核开始，半个月内四次考试。

7 月 3 日，载人航天工程航天员选评委员会评定结果揭晓，14 名航天员全部具备了独立执行航天飞行任务的能力，获得三级航天员资格。中国第一代航天员正式产生，中国特色的航天员训练体系创建成功。

谁将是中国进入太空第一人？

　　首飞航天员选拔在结业考试结束后随即开始。

　　2003 年是世界航天史上多灾多难的一年。2 月，美国"哥伦比亚号"航天飞机解体坠毁，7 名宇航员全部遇难。5 月，俄罗斯"联盟号"飞船降落时偏离预定着陆区。8 月 22 日，巴西运载火箭在发射场爆炸，星箭无存，21 人丧生。中国航天员首飞太空的时间已然确定，就在这一年的 10 月。在这个堪称世界航天灾难之年的年份，中国的载人航天会顺利吗？

　　载人航天工程航天员选评委员会评定结果揭晓时，杨利伟总评成绩 14 人中排名第一。

　　第一轮遴选，14 进 5，杨利伟以第一名的成绩入选。其他人遗憾出局。

　　入选的 5 个人再增加两个月的强化训练，而后接受 5 进 3 的考核。魔鬼训练又进行了两个月，成绩揭晓，经评

首飞航天员梯队三人名单确立，左起聂海胜、杨利伟、翟志刚

选委员会专家组无记名投票，杨利伟、翟志刚、聂海胜最终入选首飞梯队。杨利伟综合成绩依然位列第一。

此时，距离执行飞行任务只剩下一个月的时间。训练仍在继续，只不过重点转向飞行程序与实际执行任务。

所有人都在猜测，首飞梯队中谁将会幸运地成为中国载人航天飞行的第一人？杨利伟也不例外。他更加刻苦地训练着，有一点他很清楚，自己的成绩一直维持在第一名。哪怕是微小的领先优势。

在同样的情况下学习同样的科目，参加同样的考试，

99 分与 100 分本身没有太大区别，甚至考 99 分的那个人，平时的能力也许一点也不亚于 100 分的那个。但为何最后的选择往往会是那个考 100 分的呢？因为虽然没有证据证明 99 分的比 100 分的差，同样的道理，100 分的更不可能比 99 分的差。同等条件下，分数是唯一客观的标准。尤其是在航天员考核中，更不会出现高分低能的现象。杨利伟对自己充满信心。

2003 年国庆节，首飞梯队三个人被允许回家休假三天。这三天，杨利伟与父母、妻子、儿子待在家里吃饭、聊天，一家人利用一切时间聚在一起，每句话都说得小心翼翼，安静，隐忍。

临行前的晚上，杨利伟突发奇想要教妻子调家里的电子闹钟。妻子向来对电子产品兴趣寥寥，家中这个用了多年的电子闹钟每一次调整都是杨利伟亲自动手。面对丈夫的提议，张玉梅陡然变了脸色，一向冷静自持的她抢过闹钟，用变了调的声音说："我不学！我等你回来给我调。"

电子闹钟静静闪烁，无论世事如何急迫，它的频率从来都不曾改变过。一下又一下，从容不迫。杨利伟直到这时才发现时光早已悄悄爬上了妻子的额头、眼角。从结婚到今天，他们没有太多的花前月下的浪漫，更多的是陪伴与守护。妻子像大地，像河流，深厚、包容、润物无声。他在天上飞，她在家里等。她生病时，他还在天上飞。女儿不幸夭折，是她忍着心底的痛楚宽慰他。儿子的成长，也是她在默默付出。她需要他的时候，他通常不在，而他需要她时，一回头，他的玉梅就在那里。

"好，那就等我回来。"

你好，太空！

2003 年 10 月 12 日。秋雨，细细密密，平添几分离别的凄冷。首飞梯队三名队员平静挥别家人、战友，奔赴酒泉卫星发射中心。

10 月 14 日下午 5 点，在甘肃酒泉卫星发射中心航天员公寓"问天阁"举行了中国首次载人航天飞行任务航天员记者见面会。杨利伟、翟志刚、聂海胜首飞梯队集体亮相。在进入中心之前，三人分别拿到了飞行任务材料。杨利伟留心观察了一下，他的那一份厚实一些，内容细致，针对性强，代码、密码、应急密码一应俱全。一个小时前，载人航天工程指挥部已经召开完会议，确定杨利伟为首飞航天员，翟志刚、聂海胜为备份航天员。但这一消息并未通知三名首飞梯队航天员，更没有在记者见面会上宣布。

晚上七点钟，杨利伟接到正式通知：担任首飞航天

训练结束，航天员走出模拟器

员，翟志刚、聂海胜作为任务的第一和第二备份。备份航天员与真正执行任务的航天员做同样的准备。

出征前的早餐，翟志刚找来一瓶红葡萄酒，践行岂能无酒？虽不能劝君更尽一杯酒，但一定要举杯而庆。白水中滴入三滴红葡萄酒，翟志刚、聂海胜为战友杨利伟送行。特殊的环境，特殊的职业，特殊的工作，特殊的生活，造就了特殊的感情。"战友"是超越了血缘亲情的亲人，一切尽在不言中。

2003 年 10 月 15 日上午 9 时，长征二号 F 型运载火箭点火，将载人航天飞行器"神舟五号"送入了太空。"神舟五号"只搭载了一位乘客，中国人民解放军航天员大队航天员杨利伟。

"为了人类的和平与进步，中国人来到太空了。"这是杨利伟用太空笔在工作日志背面写下的一句话。这句话不是事先设计的，是身处太空时杨利伟最真实的想法，更是身为一个中国人的骄傲与自豪。为航天事业努力的，不是一个人，而是一个集体、一个国家。

"秋"来便有欣然处

"金秋"与"十月"是文字里面的千古绝配，无论"金秋十月"还是"十月金秋"都是佳偶天成。

十月对杨利伟来说是一个意义非凡的月份。很多事情，当它刚发生的时候，身处其中，作为当事人很难察觉事情本身的意义。待到尘埃落定，静下来回溯过往，方能惊觉原来世间竟有那么多的巧合。

2003年10月15日，作为中国的太空探路者，杨利伟飞向了太空，在太空在轨飞行21小时23分之后，他成为中国进入太空第一人，探路者。10月16日6时23分回到地球的同时，正好是当天天安门广场升国旗的时间。这不是事先设计好的，而是冥冥之中的浑然天成与天意使然。

中华人民共和国成立60周年，杨利伟荣膺"100位为新中国成立作出突出贡献的英雄模范人物和100位新中

在天安门城楼观礼

国成立以来感动中国人物",并受邀在国庆节当天登上天安门城楼,观看气势磅礴的阅兵式和盛大庆典。这是在十月。

同样是在十月,杨利伟作为中国航天员代表团的一员应邀前往捷克首都布拉格,参加太空探索者协会第22届年会。这是1985年协会举办第一届年会以来,中国航天员第一次亮相。

十月的记忆总是那么美好。但杨利伟仍旧最怀念他在太空展示国旗的那个金秋,那个十月。

国旗是国家的标志性旗帜,它代表着国家,是国家精

杨利伟在飞船内展示联合国旗帜和中国国旗

神和民族意志的集中体现，国旗即国家。1990 年 6 月 28 日，中华人民共和国第七届全国人民代表大会常务委员会第十四次会议通过了《中华人民共和国国旗法》，自 1990 年 10 月 1 日起实行，并发布了《国旗》和《国旗颜色标准样品》两项国家标准，自 1991 年 12 月 1 日起正式实施。每天太阳升起的那一刻，天安门广场上也会同时升起鲜艳的五星红旗。无论风吹雨打，无论严寒酷暑，国旗护卫队都忠心捍卫着它。

当"神舟五号"飞船飞行到第7圈，杨利伟把事先准备好的中国国旗和联合国旗帜展示在摄像头前，向世界各国人民问好，向在太空中工作的同行们问好，向祖国人民、港澳同胞、台湾同胞、海外侨胞问好。杨利伟手中的那面五星红旗上承载着亿万中国人的民族自豪感，是国家的尊严和荣誉，更是中华儿女对祖国最赤诚的表白与赞美。

那一刻，全世界中国人的心都随着在太空中飞翔的杨利伟一起飞翔，从这一天起，在浩渺的宇宙中，在为数不多飘扬的旗帜里有了一抹中国红，五星红旗。那一刻，华夏一心，九州落泪，无数电视机屏幕前的中国人潸然泪下。

读小学时，每当升国旗，杨利伟会高举右手行少先队队礼；读中学时行注目礼；十八岁参军后，再面对国旗时则行军礼。从小到大，无数次面对国旗，无数次向国旗敬礼。如今，航天员身上日常穿着的蓝色作训服，上衣左上方心脏的位置绣着一面鲜红的国旗，心脏与国旗同频共振，航天员与国家同呼吸、共命运。

2021年9月3日下午，"时代精神耀香江"之仰望星空话天宫活动在北京、香港两地联动登场。活动现场，18岁的香港金文泰中学中六男生郑顺明以视频连线形式，向中国载人航天工程副总设计师、中国首飞航天员杨利伟提问："您为什么想成为一个太空人，您觉得太空人这个职业最酷的地方是什么？"

杨利伟回答道："至今，最让我念念不忘的，还是作为中国第一个进入太空的航天员，代表国家展示国旗，向全体华人问好的时候。那一刻，我觉得我是最酷的！我也期待同学们在不久的将来，能够在太空中看到你们最酷的身影！"

杨利伟访问香港

悉数中国的载人飞行，其中神舟五号、神舟六号、神舟十一号、神舟十三号、神舟十七号、神舟十九号都选择了十月份，在酒泉卫星发射中心发射升空。十月的秋天，是收获的季节，也是播种的季节，辛劳与喜悦杂糅，付出与欢欣交织，大地上丰收的欢歌响彻芜野，十月的歌声辽远，天宫都能听得到。

太空一日

杨利伟

我以为自己要牺牲了

9时整，火箭尾部发出巨大的轰鸣声，数百吨高能燃料开始燃烧，八台发动机同时喷出炽热的火焰，高温高速的气体，几秒钟就把发射台下的上千吨水化为蒸气。

火箭起飞了。

我全身用力，肌肉紧张，整个人收缩得像一块铁。

开始时飞船缓慢地升起，非常平稳，甚至比电梯还要平稳。我感到压力远不像训练时想象的那么大，心里稍觉释然，全身紧绷的肌肉也渐渐放松下来。

"逃逸塔分离"，"助推器分离"……

火箭逐渐加速，我感到压力在不断增强。因为这种负荷我在训练时承受过，变化幅度甚至比训练时还小些，所以我身体的感受还挺好，觉得没啥问题。

但火箭上升到三四十公里的高度时，火箭和飞船开始急剧抖动，产生共振。这让我感到非常痛苦。

人体对 10 赫兹以下的低频振动非常敏感，它会引起人的内脏共振。而这时不单单是低频振动的问题，而且这个新的振动叠加在一个大约 6G 的负荷上。这种叠加太可怕了，我从来没有进行过这种训练。

意外出现了。共振以曲线的形式变化着，痛苦的感觉越来越强烈，五脏六腑似乎都要碎了。我几乎无法承受，觉得自己快不行了。

杨利伟首飞当天，在"问天阁"卧室的门上签名

当时，我的头脑还非常清醒，以为船起飞时就是这样的。其实，起飞阶段发生共振并非正常现象。

那种共振持续 26 秒钟后，慢慢减轻。我从极度难受的状态中解脱出来，一切不适都不见了，感到一种从未有过的轻松和舒服，如释千钧重负，如同一次重生，我甚至觉得这个过程很耐人寻味。但在痛苦的极点，就在刚才短短一刹那，我真的以为自己要牺牲了。

飞行回来后我详细描述了这种难受的过程。经过分析研究，工作人员认为，飞船共振主要来自火箭的振动。随后他们改进技术工艺，解决了这个问题。在"神舟六号"飞行时，情况有了很大改善，在后来的航天飞行中再也没出现过。聂海胜说："我们乘坐的火箭、飞船都非常舒适，几乎感觉不到振动。"

在空中度过那难以承受的 26 秒钟时，不仅我感觉特别漫长，地面的工作人员也陷入空前的紧张中。因为通过大屏幕，飞船传回来的画面是定格的，我整个人一动不动，眼睛也不眨。大家都担心我是不是出了什么事故。

后来，整流罩打开，外面的光线透过舷窗一下子照射进来，阳光很刺眼，我的眼睛忍不住眨了一下。

就这一下，指挥大厅有人大声喊道："快看啊，他眨眼了，利伟还活着！"所有的人都鼓掌欢呼起来。

这时我第一次向地面报告飞船状态："'神舟五号'报告，整流罩打开正常！"

当我返回地球观看这段录像时，我激动得说不出任何话来。

我看到了什么

从载人飞船上看到的地球，并非呈现球状，而只是一段弧。因为地球的半径有 6000 多公里，而飞船的飞行轨道距离地面的高度是 343 公里左右。我们平常在地理书上看到的球形地球照片，是由飞行轨道更高的同步卫星拍摄下来的。

在太空中，我可以准确判断地球上各大洲和各个国家的方位。因为飞船有预定的飞行轨道，可以实时标示飞船走到哪个位置，投影到地球上是哪一点，有图可依，一目了然。

即使不借助仪器和地图，以我们航天课程中学到的知识，从山脉的轮廓、海岸线的走向以及河流的形状，我也基本可以判断飞船正经过哪个洲的上空，正在经过哪些国家。

飞经亚洲，特别是经过中国上空时，我就会仔细分辨大概到哪个省，正从哪个地区上空飞过。

飞船的飞行速度比较快，经过某省、某地域乃至中国上空的时间都很短，每一次飞过后，我的内心都期待着下一次。

我曾俯瞰我们的首都北京，白天它是燕山山脉边的一片灰白，分辨不清，夜晚则呈现一片红晕，那里有我的战友和亲人。

飞船绕地飞行14圈，前13圈飞的是不同的轨道，是不重复的，只有第14圈又回到第一圈的位置上，准备返回。在距离地面300多公里的高度上，俯瞰时有着很广阔的视野，祖国的各个省份我大都看到了。

但是，我没有看到长城。

曾经有一个流传甚广的说法，航天员在太空唯一能看到的建筑就是长城。我和大家的心情一样，很想验证这个说法。我几次努力寻找长城，但是没有结果。"神舟六号"和"神舟七号"飞行时，我曾叮嘱航天员们仔细看看，但他们也没看到长城。

在太空，实际上看不到地球上的任何单体建筑。我询问过国际上的很多航天员，没有谁能拿出确凿证据说看到了什么。即使是大城市，在夜晚看到时也只是淡淡的红色。

在太空中，我还看到类似棉絮状的物体从舷窗外飘过，小的如米粒，大的如指甲盖，听不到什么声音，也感觉不到这些东西的任何撞击。

不知道那些是什么，我认为也许是灰尘，高空可能并不那么纯净，会有一些杂质，也可能是太空垃圾。那些物体悬浮在飞船外面，无法捕捉回来，我至今还没弄清那到底是些什么。

神秘的敲击声

作为首飞的航天员，除了一些小难题，其他突发的、原因不明的、没有预案的情况还会遇上许多。

比如，当飞船刚刚进入轨道，处于失重状态时，百分之八九十的航天员都会产生一种"本末倒置"的错觉。这种错觉令人难受，明明是朝上坐的，却感觉脑袋冲下。如果不消除这种倒悬的错觉，就会觉得自己一直在倒着飞，很难受，严重时还可能诱发空间运动病，影响任务完成。

在地面时没人提到这种情况，即使有人知道，训练也无法模拟。估计在我之前遨游太空的国外航天员会有类似

出征前的杨利伟

体验，但他们从未对我说起过。

在这种情况下，没有别的办法，只能完全靠意志克服这种错觉。想象自己在地面训练的情景，眼睛闭着猛想，不停地想，以给身体一个适应过程。几十分钟后，我终于调整过来。

"神舟六号"和"神舟七号"升空后，航天员都产生过这种错觉，但他们已有心理准备，因为我跟他们仔细说过。而且，飞船舱体也经过改进，内壁上下刷着不同的颜色，天花板是白色的，地板是褐色的，这样便于帮助航天员迅速调整感觉。

我在太空还遇到一个至今仍然原因不明的情况，那就是时不时出现敲击声。

这个声音是突然出现的，并不一直响，而是一阵一阵的，不管白天黑夜，毫无规律，说不准什么时候就响几声。既不是外面传进来的声音，也不是飞船里面的声音，仿佛谁在外面敲飞船的船体。很难准确描述它，不是叮叮的，也不是当当的，而更像是用一把木头锤子敲铁桶，咚……咚咚……咚……

鉴于飞船的运行一直很正常，我并没有向地面报告这一情况。但自己还是很紧张，因为第一次飞行，生怕哪里出了问题。每当响声传来的时候，我就趴在舷窗那里，边听边看，试图找出响声所在，却未能发现什么。

回到地面后，人们对这个神秘的声音做过许多猜测。技术人员想弄清它到底来自哪里，就用各种办法模拟它，拿着录音让我一次又一次地听，我却总是觉得不像。对航天员最基本的要求是严谨，不是当时的声音，我就不能签字，所以就让我反复听，断断续续听了一年多。但是直到现在也没有确认，那个神秘的声音也没有在我耳边准确地再现过。

在"神舟六号"和"神舟七号"飞行时，这个声音又出现了，但我告诉航天员："出现这个声音别害怕，是正常现象。"

归途如此惊心动魄

5时35分，北京航天指挥中心向飞船发出"返回"指令。飞船开始在343公里高的轨道上制动，就像刹车一样。

飞船先是在轨道上进行180度的调姿——返回时要让推进舱在前，这就需要180度的"调头"。

"制动发动机关机！"5时58分，飞船的速度减到一定数值，开始脱离原来的轨道，进入无动力飞行状态。

6时4分，飞船飞行至距离地面100公里，逐渐进入稠密大气层。

这时飞船的飞行速度仍然很快，遇到空气阻力后，它急剧减速，产生了近4G的过载，我的前胸和后背都承受着很大压力。我们平时已经训练过如何应对这种情况，因此身体上能够应付自如，心理上也没有为之紧张。

让我紧张以至惊慌的却另有原因。

先是快速行进的飞船与大气摩擦，产生的高温把舷窗外面烧得一片通红；接着在映红的舷窗外，有红的白的碎片不停划过。飞船的外表面有防烧蚀层，它是耐高温的，随着温度升高，开始剥落，并在剥落的过程中带走一部分热量。我学习过这方面的知识，看到这种情形，知道是怎么回事。

但随后发生的情况让我非常紧张——右边的舷窗开始出现裂纹。窗外烧得跟炼钢炉一样，玻璃窗开始出现裂纹，那种纹路就跟强化玻璃被打碎后的那种小碎纹一样，这种细密的碎纹，眼看着越来越多……说不恐惧那是假话，你想啊，外边可是1600~1800℃的超高温度。

我的汗出来了。这时候舱内的温度也在升高，但并没有高到让我瞬间出汗的程度，其实主要还是因为紧张。

我现在还能回想起当时的情形：飞船急速下降，跟空气摩擦产生的激波，不仅有极高的温度，还伴随着尖利的呼啸声；飞船带着不小的过载，在不停振动，里面咯咯吱吱乱响。外面高温，不怕！有碎片划过，不怕！过载，也能承受！但是看到舷窗玻璃开始出现裂缝，我紧张了，心想：完了，这个舷窗不行了。

当时我突然想到，美国的"哥伦比亚号"航天飞机不就是这样出事的吗？一个防热板先出现一条裂缝，然后高热就使航天器解体了。现在，这么大一个舷窗坏了，那还得了！

先是右边舷窗有裂纹，当它裂到一半的时候，我转过头一看左边的舷窗，也开始出现裂纹。这个时候我反而放心一点儿了：哦，可能没什么大问题！因为如果是故障，重复出现的概率并不高。

回来后我才知道，飞船的舷窗外做了一层防烧涂层，是这个涂层烧裂了，而不是玻璃窗本身出现问题。为什么两边没有同时出现裂纹呢？因为两边用了不同的材料。

以前每次进行飞船发射与返回实验，返回的飞船舱体经过高温烧灼，舷窗黑乎乎的，工作人员看不到这些裂纹。而如果不是在飞船体内亲眼看到，谁都不会想到有这

杨利伟在太空进食

种情况。

此时，飞船正处在黑障区，距离地面大约 80 公里到 40 公里。当飞行到距离地面 40 公里时，飞船出了黑障区，速度已经降下来，上面说到的异常动静也已减弱。

一个关键的操作——抛伞，即将开始。

这时舷窗已经烧得黑乎乎的，我坐在里面，怀抱着操作盒，屏息凝神地等待着配合程序：到哪里该做什么，该发什么指令，判断和操作都必须准确无误。

6 时 14 分，距离地面 10 公里，飞船抛开降落伞盖，并迅速带出引导伞。

这是一个剧烈的动作。能听到"砰"的一声，非常响，164 分贝。我在里边感到被狠狠地一拽，瞬间过载很大，对身体的冲击也非常厉害。接下来是一连串的快速动作。引导伞出来，紧跟着把减速伞也带出来，减速伞使飞船减速下落，16秒钟后再把主伞带出来。

其实最折磨人的就是这段过程了。随着一声巨响，你会感到突然减速；引导伞一开，使劲一提，会把人吓一跳；减速伞一开，又往那边一拽；主伞开时又把你拉向另一边。每次力量都相当重，飞船晃荡得很厉害，让人不知道是怎么回事。

我后来问过俄罗斯的航天员，他们从不给新航天员讲述这个过程，担心新手们害怕。我回来却讲了，每一个步骤都给"神六"和"神七"的战友讲了，让他们有思想准备，并告诉他们不用紧张，很正常。

我们航天员是很重视这段过程的：伞开得好等于安全有保障，至少保证生命无虞。所以我被七七八八地拽了一通，平稳之后心里却真是踏实——数据出来了，速度控制在规定范围内。我知道，这伞肯定是开好了！

距离地面5公里时，飞船抛掉防热大底，露出缓冲发动机。同时主伞也有一个动作，它这时变成双吊，飞船被摆正了，在风中晃悠着落向地面。

飞船距离地面1.2米，缓冲发动机点火。接着飞船

"嘭"的一声落地了。

我感觉落地很重，飞船弹了起来。在它第二次落地时，我迅速按下了切伞开关。

飞船停住了。此时是 2003 年 10 月 16 日 6 时 23 分。

那一刻四周寂静无声，舷窗黑乎乎的，看不到外面的任何景象。

过了几分钟，我隐约听到外面喊叫的声音，手电的光束从舷窗上模糊地透进来。我知道：他们找到飞船了，外边来人了！

鹊桥仙·青岛

千帆风顺，夕阳无限，仙境瀛洲在望。蒹葭玉树彩云间，黄海阔、天高地广。

潮平潮落，惊涛拍岸，碧水微风清爽。环湾幽径踏歌行，暮色苍、崂山红浪。

第四章

天地

21064号"杨利伟星"

　　2023年的三伏天有四十天，燠热的中伏足足占据了二十天之久。即便立秋了，只因还在伏天里，白天的热度依然强健。青岛的八月是一年中最热的时段，中秋之后才会真正迎来天高云淡的秋高气爽。昨天有一个远方的朋友知道杨利伟在青岛疗养，在微信上问他有没有下海去游

神舟五号梯队离开航天城

泳。他轻笑出声，回复道："没有。我们有规定不允许随意下海游泳，有危险，安全第一。"

杨利伟喜欢青岛，胶州湾的风跟老家绥中止锚湾的风有几分相像。虽然不能下海游泳，但是可以去海边散步。尤其是太阳落山之后，热浪消散，温润的海风鼓动衣衫，大海似乎有话要对他诉说。风儿只是信使，是前来恭候、迎接他的引路人。

青岛，这座城市对杨利伟而言非比寻常。每次在空军疗养院附近散步时，他总会下意识地回想起自己1996年第一次来这里体检参加航天员选拔体检的点点滴滴。尤其是看着航天员大队里的新面孔，那意气风发的神情、神采飞扬的眼睛，杨利伟总能从他们身上找到自己昔日的影子。前段时间，他还去烟台看望了正在海上进行水上出舱训练的航天员，凭海临风，年轻战友壮志凌云的模样，让杨利伟看到了新一代航天员逐梦太空的青春光彩。那一刻，"希望"与"赓续"不再是两个空洞的词汇，而是真真切切地呈现在他的眼前。

时间过得真快，已经二十多年了。青岛从某种意义上来说是杨利伟航天生涯零公里出发的原点。从2003年太空一日游，到2023年以中国载人航天工程副总设计师的身份带领航天员在青岛疗养、小憩。二十年间，中国的载人航天科技从也从"一人一天"进阶到了"天宫时代"。

碧涛映着红霞，银色的浪花与金色的沙滩追逐嬉戏，天空的云朵层层叠叠，色彩瞬息万变。余晖中青岛的红瓦绿树像一幅天然的油画。以前杨利伟都是从高空俯瞰云朵，无论是作为飞行员还是航天员。云层像天上的江河，河水凝结成厚厚的冰川。"冰川"之下隐匿着熙熙攘攘的烟火红尘，热闹，真实。

灯光，到处都是明晃晃的灯光，海边也不例外。哪怕已经入夜，天也不是黝黑的墨色。星空寂寥，月是下弦月。极目远方，在那海天交接之处，是一盏盏会呼吸的灯，是夜航的船舶，是为茫茫大海上孤独的船只引航的灯塔。

在太空看到的宇宙是黑色的，纯净如墨一般的黑。没有大气折射环境的星星不眨眼，一颗一颗，晶莹璀璨亮度不一，静静地悬浮在太空中。换一个角度来看，地球也只是浩瀚星空里的一颗。在与地球最远距离 6.86 亿公里、最近距离 2.69 亿公里的地方，有一颗太阳系的小行星，这是西班牙天文学家艾斯特 1991 年 6 月 6 日在欧洲南方天文台发现的，国际永久编号为 21064 号。2005

年 3 月 16 日，这颗星被命名为"杨利伟星"，同时命名的还有一颗"神州星"，是中国南京紫金山天文台 1981 年发现的永久国际编号为 8256 号的小行星。小行星命名通过后，按照国际惯例成为永久星名。"神州星"与"杨利伟星"是国际社会对中国载人航天工程成就的肯定与认可。

中国继美国、俄罗斯之后,成为第三个独立载人航天国家,随之而来的是创造了一个新词:taikonaut,中国航天员。美国或其他国家的航天员名称一般是 astronauts,俄罗斯航天员被称为 cosmonauts。Taikonaut 是由中文"太空"的拼音和英语单词 astronaut 混成的拼缀词。目前这个词已经被《牛津词典》收录其中,特指 Chinese astronaut(中国航天员)。

"航天英雄"凯旋

　　海风又凉了几分，白昼的炎热几乎无迹可寻。走在夜色里，一身轻快。做一个深呼吸，杨利伟已经很久没有这样放松过了。

　　二十多年前，中国太空探路者杨利伟与他的飞船"神舟五号"在离地球轨道近地点 200 公里、远地点 400 公里的高度，以接近第一宇宙速度每秒 7.83 公里的速度飞行了 14 圈，21 小时 23 分钟。平均每 90 分钟感受一次壮观的日出与日落。如果把一次日出、日落算作一天的话，绕地球 14 圈就相当于 14 天。古人说"天上一天，人间一年"似乎也有那么几分道理。在同一个时空里，杨利伟的生命长度比没有进入过太空的大多数人凭空多出了 14 天。

　　2003 年 10 月 16 日 6 时 23 分，杨利伟平安回到祖国的大地上，在内蒙古四子王旗阿木古郎草原腹地，距理论着陆点 4.8 公里处顺利着陆。这一天，北京天安门升国旗

出发前，杨利伟的家人在指挥大厅等候

的时间也是 6 时 23 分。这一刻，天地相通。这样的巧合，科幻电影编剧都设计不出来。

　　天与地之间除了默契互通之外，更有思念的味道。杨利伟的"太空一日"在飞行到第八圈时，地面指挥员通知他，给他安排了 5 分钟的天地对话时间，与地面上的亲人连线。杨利伟的父亲杨德元、母亲魏桂兰、妻子张玉梅、儿子都被请到了航天指挥大厅，亲人们可以看到杨利伟的图像、听到杨利伟的声音，但杨利伟只能听到地面的声音。父母没有开口，他们把时间留给了媳妇和孙子。两位善良的老人先后在 2005 年、2007 年相继离世，成为杨利伟心头永远也无法平复的伤痛。2021 年，电影《我和我的父辈》首映式在航天城举行。电影中父辈们不忘初心、砥砺前行，他们传承民族精神的奋斗故事触发了杨利伟内心深处的痛楚，光影摇曳，他一边沉默观影，一边安静地流泪。

在所有的没想到中，杨利伟最没想到的是自己居然

杨利伟顺利出舱

成了被鲜花、掌声和聚光灯环绕的"名人"。返回地面后，作为首飞航天员，他成了科研人员的"小白鼠"，一年的时间里回答了载人航天工程包括机械、产品、功效、工作、生活、生理、心理研究团队的几百个问题，火箭上升过程中的共振、在太空中看到的不明闪光以及听到的神秘敲击声等，杨利伟事无巨细地向地面人员一一反馈。依据杨利伟的实测反应，"神舟六号"在"神舟五号"的基础上改进了180多项。尤其是返回落地时把杨利伟嘴巴磕破流血的麦克风设计，改进之后再也没有出现过落地让航天员受伤的现象。而杨利伟却在多年之后还要一遍遍地向关心他的人解释自己当时出舱时为何会嘴角带血。

除了配合相关机构开展科研之外，杨利伟的生活中还多了一项内容，参加社会活动。

从太空返回的当天晚上，杨利伟就收到中央电视台的邀约，与主持人白岩松连线，接受采访。白岩松的第一个问题就是："杨利伟，你在太空看到长城了吗？"

科幻小说《地球的故事》中有一个被人熟知的情节，那就是中国的长城是航天员在太空唯一可以看到的人工建筑。进入太空的杨利伟非常想验证这个说法，但他几次努力寻找都没有结果。"神舟五号"飞船的在轨高度是200

公里至 400 公里。根据测算，地球上长宽达 500 米的物体，在航天员的视线中能显现为一个点。长城平均宽度 10 米左右，是绝对看不见的。

面对白岩松的提问，杨利伟给出了他亲眼见证的答案："从太空中看到地球的景色非常美丽，但是我没有看到我们的长城。"杨利伟的回答可谓是一石激起千层浪。随着网络上的争议声音越来越大，教育部随即把人教版小学语文教材中一篇题为《长城砖》的文章删除了。

还没来得及休整，一周之后，杨利伟便接到了访问香港、澳门的命令，然后是北京、上海、天津、重庆四个直辖市和返回舱降落地内蒙古，以及家乡辽宁。

杨利伟成了家乡父老心中的骄傲。辽宁省规划建设了葫芦岛飞天广场，广场由中国航天第一人（杨利伟写实全身雕像）、"飞天梦"（抽象主纪念体）、"飞天梦"的实现（人类航天史浮雕墙）、九天柱（航天大事记及科普）和道运天阶（十四级台阶，象征着首次航天飞行十四圈和无限未来）五部分组成。

雕塑碑文如下：

公元二零零三年十月十五日，我国"神舟"

五号载人飞船发射成功。飞船在太空遨游二十一小时并绕地球飞行十四圈后，安全返回地面。此一壮举，圆华夏儿女千载飞天梦想，亦使中国成为继苏联、美国后第三个人类进入太空的国家。令世界瞩目，华夏扬威。被誉为"中国航天第一人"的首飞航天员杨利伟系本市绥中县人，时年三十八岁。此次勇当大任，一飞冲天，功勋卓著，被中央军委命名为"航天英雄"，家乡倍感荣耀。为弘扬"载人航天"精神，彰显英雄伟绩，激发爱国之情，凝聚报国之志，经市人民代表大会决定修建"飞天广场"。此广场由杨利伟写实全身雕塑、抽象"飞"字造型主体、花岗岩浮雕、九天柱及14级台阶等形式组合艺术雕塑，目的是将辉煌的一刻留作永久的纪念，使飞天壮举成为永攀高峰的火炬。所望中华儿女、滨城子孙怀飞天之鸿志，踵英雄之壮举，共致中华民族伟大复兴，共图人类文明光大传承，共祝英雄家乡昌盛腾飞。

密集的社会活动让来不及做恢复训练的杨利伟暴瘦

20 斤。他自己都有点害怕，后来全面体检后显示没有任何异常，所有人才长舒了一口气。

2003 年 11 月 7 日，庆祝"神舟五号"载人航天任务圆满成功大会在人民大会堂举行。杨利伟被授予"航天英雄"，中国人民解放军航天员大队被授予"英雄航天员大队"。

推开国际合作之门

一次太空飞行，让全世界的中国人扬眉吐气，同时打开了一扇让世界重新认识中国的友谊之门。

2004 年 5 月，中国载人航天代表团来到位于美国曼哈顿的联合国秘书处，杨利伟亲手将那面曾经与他一起环绕地球飞行 14 圈的联合国旗帜，交给了时任联合国秘书长的安南先生。自世界各国开展载人航天活动以来，中国并不是世界上第一个在飞船上搭载联合国旗帜的国家，但是首次载人航天飞行就搭载联合国旗帜的，中国是第一个。

中国载人航天代表团离开联合国总部，参观了美国著名的肯尼迪航天中心。在华盛顿，杨利伟有幸结识了航天员奥尔德林。奥尔德林曾与阿姆斯特朗一起搭乘阿波罗 11 号完成人类第一次登月，奥尔德林是继阿姆斯特朗之后第二个踏上月球的人。奥尔德林先生主动提出介绍杨利伟加入了"太空探索者协会"（ASE）。

2004 年 5 月 19 日，向联合国秘书长安南宜家神舟五号搭载的联合国旗帜

在国际合作中，中国与多个国家保持着密切的联系。2005 年，杨利伟访问俄罗斯，被俄罗斯联邦航天署授予"加加林勋章。"

作为中国首飞航天员，2007 年 9 月 25 日，杨利伟前往西班牙参加国际宇航大会，在"中国宇航日"环节，他做了英文演讲：

当我从太空归来，静下来思考问题的时候，首先感到的是人类的伟大。当我透过飞船的舷窗注视广袤的宇宙时，我又感到个人的渺小，正是在这种伟大和渺小的辩证中，让人类有了征服太空的勇气和力量。作为一个人而言，在离开家的时候，面对的是一个人类社会，在背后给他做支撑的是一个家庭；而作为一名航天员，来到太空的时候，面对的是浩瀚无边的宇宙，背后支撑他的将是整个人类。所以，我们没有理由不热爱自己的家园。只有在和平、和谐的人类社会中，才能实现更多的探索外太空的梦想。中国在世界载人航天的大家庭里，是个后来者。但是我们能上天了，代表了我们综合国力的提高，改革开放的丰硕成果，让我们在茫茫太空中有了自己的一席之地⋯⋯

演讲结束后是自由提问环节，大会主持人立刻向杨利伟抛出一个国际宇航界十分关心的问题："请您介绍一下中国的嫦娥探月计划！"

中国从 2004 年正式启动月球探测工程，命名为"嫦娥工程"，分"无人月球探测""载人登月"和"建立月球基地"三个实施阶段。当时正值嫦娥工程一期任务即将实施的关键时刻，诸多数据尚处在保密状态。但在国际宇航大会这样的场合，杨利伟有问必有答。2007年的9月25日，恰逢农历中秋节。杨利伟微笑着向主持人点头示意，说："感谢主持人的问题，今天是中国的传统节日中秋节，这是一个有关月亮的节日，在这一天的中国，人们在月亮下团聚时自然会讲那个流传了几千年的'嫦娥奔月'的故事。自古中国人就对外太空充满向往，科技的发展让我们的梦想有可能变成现实，今天我邀请全世界的同行一起来分享这个节日的快乐，将来开展亲密合作，让所有的人美梦成真。"

杨利伟机智精妙的回答赢得了现场热烈的掌声，随后会议在友好、融洽的气氛中继续进行。

2009年6月，杨利伟与景海鹏在维也纳参加了联合国外空委第52届会议。借着在会议上的发言机会，杨利伟适时表达了中国航天人的意愿与主张：

　　和平、和谐是蕴含在中华民族血脉中的文化传统，也是中国航天事业始终体现的主旨。中国政府一贯主张外层空间是全人类的共同财富，坚持为了和平目的探索和利用外层太空，使之造福于人类。中华民族在人类发展史上创造过灿烂的古代文明，新中国成立后，依靠自己的力量，开始发展航天事业。如今，中国的航天事业正扎实稳健地前进。中国也将根据自己的国情和实际情况建太空站、登月球并探索火星……

2009年10月4日，参加完中华人民共和国60周年庆祝大典的杨利伟，会同中国航天员代表团马不停蹄赶赴捷克首都布拉格，参加第22届太空探索者协会年会。

太空探索者协会是国际航天界的重要组织，对会员资

2009年10月5日，杨利伟（前排左二）在捷克首都布拉格举办的第22届太空探索者协会年会上与航天员及家属合影

格有严格的限制，世界各国仅有几百名航天员有幸成为它的会员。第 22 届太空探索者协会年会共有 14 个国家的 49 名航天员代表出席，会议主题"天空——所有人的机会"。中国航天员首次参会是第 22 届年会的焦点话题，杨利伟在会上做主题发言，向与会人员介绍中国的载人航天计划和中国未来的近地轨道探索计划。

中国航天发展迅猛，在自主研发、生产的道路上，不仅突破着一项又一项新技术，在科技创新上也不断有质的飞跃。这些被世界看在眼里，却急在某些国家心里。于是"中国太空威胁论"的论调不胫而走。2009 年国庆前夕，

杨利伟与各国首飞航天员合影

CNN（美国有线电视新闻网）来到中国航天员中心探访，为杨利伟做了一期专访。

美国记者约翰·华斯抛出的问题极其尖锐："中国的航天事业起步比美国晚40年，你承认吗？有人说，中国目前是美国航天事业最大的挑战，你同意吗？"

"中国的确起步晚，跟美国、俄罗斯有差距，但中国一直在努力前进。中国的航天事业在进步，中国也在寻求合作，最终将是一个互赢的局面。中国航天事业的发展不会挑战任何国家。"杨利伟的回答不卑不亢，掷地有声。

"你认为中国经济的发展对航天事业有影响吗？"约翰·华斯继续问。

"经济是推动中国科技发展的因素之一，但航天事业不仅是科技，也是中国人民精神的体现。"回答这个问题时，杨利伟是有感而发，但他从约翰·华斯的表情中能看得出来，这位美国记者并不了解中国的航天人，更遑论去理解中国的载人航天精神。约翰·华斯的傲慢，使得他即便是与中国航天人面对面近距离地交流，那些先入为主的主观意愿也没有丝毫改观。

参与国际航天活动，对包括杨利伟在内的中国航天人都有着巨大的吸引力，通过交流去提升和丰富自己的职业内涵，更重要的是中国航天人要融入国际俱乐部，与他们互通观念与信息，服务中国的航天事业。

2014 年 9 月 10 日，第 27 届太空探索者协会年会在北京召开。年会中方组委会主席杨利伟宣布：中国在 2016 年 9 月 15 日发射天宫二号空间实验室，随后 10 月下旬发射神舟 11 号载人飞船和天舟一号货运飞船，并与"天宫二号空间实验室"对接，将在 2022 年前后完成中国空间站的建造。

中国的航天发展是开放的，同时也是包容的。2022 年 1 月发布的《2021 中国的航天》白皮书首次提出在外空领域推动构建人类命运共同体，进一步深化人类和平利用外空的内涵。2022 年 11 月 21 日，在联合国 / 中国空间探索与创新全球伙伴关系研讨会开幕式上，国家航天局发布《中国航天推动构建新型空间探索与创新全球伙伴关系的行动声明》，提出将推动构建平等互利、开放包容、和平利用、造福人类的新型空间探索与创新全球伙伴关系，助力构建外空领域人类命运共同体。

2022 年 12 月 31 日，国家主席习近平在新年贺词中向全世界郑重宣布，"中国空间站全面建成"。"中国空间站"是历史上首次向所有联合国会员国开放的此类项目，目前已有 17 个国家、23 个实体的 9 个项目成为中国空间站科学实验首批入选项目。中国空间站将是全人类的"太空之家"。

太空邮局

　　二十年，弹指一挥间，居诸不息，乌飞兔走。杨利伟的工作角色几经变化，2005 年，出任中国航天员科研训练中心副主任、载人航天工程航天员系统副总指挥；2018年 4 月 23 日，出任中国载人航天工程办公室主任；2019年 10 月，获聘中国载人航天工程副总设计师。

　　在所有的官方任职中，杨利伟还有一个他自己非常看重的身份：太空邮局首任局长。

　　2011 年 11 月 3 日凌晨 1 时 36 分，"神舟八号"飞船与"天宫一号"飞行器首次成功对接，标志着中国完全掌握了载人航天的天地往返运输、空间出舱活动、空间交会对接三大基本技术，地面与太空间的邮件传递从此成为可能。

　　传邮万里，国脉所系。天宫一号是中国第一个长期在轨的载人航天器，与天地往返运输器神舟飞船一起，既是中国领土在太空的延伸，也为在宇宙空间这一新领域开展邮政业务提供了新的通邮手段。这就是设立太空邮局的意义所在。太空邮局采取"虚实结合"的经营模式，实体邮局设在北京航天城邮局，虚拟邮局设置在空间飞行器内，邮政编码为：901001。

从飞船上向外看到美丽的地球

光学仪器里的地球影像

2016 年 10 月 17 日，"神舟十一号"发射升空。11 月 28 日 15 时，进入"天宫二号"空间实验室的航天员景海鹏、陈冬在轨收到 9 万多封来自地球的信件。在太空中，景海鹏通过视频直播向公众宣读了其中一封书信，北京师范大学第二附属中学高二（3）班学生赵思雯的来信：

我常常仰望星空，想象星空蔚蓝彼端蕴藏着的神秘事物，耳边不时回荡着钱学森院士"我们必须征服宇宙"的豪言壮语！航天人的努力，使得苍凉广袤的戈壁滩上发射架高耸入云，萦绕着神舟飞船几度征战的豪迈与激情，这些都时刻激励着国人对探索宇宙空间的向往。

"太空邮局"的"家书载梦"太空寄信服务，已经开展了十多年，数十万封信件被送往太空，用太空搭载的方式表达自己的感情，唤醒国人对中华优秀传统文化传承的意识。信件飞翔在浩瀚太空，人类情感突破大气层，向静谧的宇宙深处延展，跨越传统邮路与天地邮路边界，太空邮局既充满科技感，又浪漫无边。

"冬"来无雪待佳辰

春生发，夏生长，秋收敛，冬收藏，四时有序，万物有时，人生亦有其时。时光荏苒，杨利伟的变化与肩上的责任也在与时俱进，悄然发生着变化。从工作目标的角度说，他的角色转换了，从受训者变成受训者和施训者兼而有之的身份。在保证自身训练的同时，训练更多的航天员达到执行任务的飞行标准。

杨利伟是清醒的，后来者必定要超越前者，这是社会发展的客观规律。长江后浪推前浪，一代更比一代强。航天梦是强国梦不可或缺的组成部分，中国的航天事业就是一代人接续着一代人的努力，才不断刷新纪录，向着航天强国一步步迈进。"为了人类的和平与进步，中国人来到太空"，星空浩瀚无比，探索永无止境，未来中国人的太空探索步伐会迈得更大、更远。

中国第一代航天员有杨利伟、费俊龙、翟志刚、聂海胜、景海鹏、刘伯明、刘旺、张晓光、赵传东、陈全、李庆龙、吴杰、潘占春、邓清明十四人。其中赵传东、陈全、李庆龙、吴杰、潘占春五位航天员没有执行过飞行任务，于2014年3月退役。仅比杨利伟小一岁的邓清明，2022年11月29日作为神舟十五号载人飞行任务乘组圆梦太空，追梦者终圆梦。

在神舟六号飞行任务完成之后，杨利伟作为项目负责人开始策划和组织中国第二批航天员的选拔。新航天员的基本指标与首批相差不大，一些重要的基础项目是相对固定的。按照载人航天工程计划，神舟七号之后将会发射无人目标飞行器，而接下来的载人航天主要任务是飞船与目标飞行器的交会对接，这意味着第二批航天员面临的任务将更为复杂，对他们的综合素质要求也会更高。

第二批航天员仍然从空军现役飞行员中选拔，在符合标准的500多名男性飞行员和20多名女性飞行员中，初选了30名男性、15名女性，又经过一轮复选、一轮审查，陈冬、汤洪波、叶光富、蔡旭哲、张陆5名男性、刘洋、王亚平2名女性共7人作为第二批航天员加入了中国人民解放军航天员大队，随即开始了艰苦的训练。刘洋、王亚平是中国第二批航天员，第一代女航天员。在她们之前，

航天员杨利伟　　航天员费俊龙　　航天员聂海胜　　航天员翟志刚　　航天员刘伯明

航天员景海鹏　　航天员刘旺　　　航天员刘洋　　　航天员张晓光　　航天员王亚平

中国没有女航天员选拔培养经验，又是一个摸着石头过河的新领域。

中国第二批航天员已全部执行过太空飞行任务。刘洋是神舟九号、神舟十四号航天员，是中国首位进入太空的女航天员；王亚平是神舟十号、神舟十三号的航天员，是中国首位太空教师、中国首位出舱活动的女航天员；陈冬是神舟十一号、神舟十四号航天员，是中国首位在轨时长超 200 天的航天员；汤洪波是神舟十二号、神舟十七号航天员，是中国首位两次进入中国空间站"天宫"的航天员；叶光富是神舟十三号、神舟十八号的航天员；张陆是神舟十五号航天员。

登月航天员将从前期执行过飞行任务的航天员中选拔，所有符合这一条件的航天员都在为登月任务做着积极准备，谁会成为中国登月的第一人呢？

2018 年 5 月，中国第三批预备航天员选拔工作启动。2020 年 9 月，中国载人航天工程第三批预备航天员选拔工作结束，共有 18 名预备航天员（含 1 名女性）最终入选，其中 7 名航天驾驶员、7 名航天飞行工程师和 4 名载荷专家，他们成为中国航天员队伍的新成员。2023 年 5 月 29 日，经过两年多的刻苦训练，中国第三批航天员完成了既定的训练内容，全部通过了飞行资格评定，均具备执行飞行任务的能力和条件。

目前，中国第三批航天员中已有四人执行过太空飞行任务：朱杨柱作为航天飞行工程师，入选神舟十六号载人飞行任务乘组；桂海潮作为载荷专家入选神舟十六号载人飞行任务乘组；唐胜杰、江新林入选神舟十七号载人飞行任务乘组。

目前，中国航天员种类包括三种：航天驾驶员（承担飞行任务）、航天飞行工程师（负责日常维护）和载荷专家（进行科研活动）。

2023 年 10 月 26 日 11 时 14 分，指令长汤洪波带领唐胜杰、江新林搭乘神舟十七号载人飞船飞赴太空。这是中国首次由第二批航天员带领第三批新航天员执行任务的全新组合，也是空间站建造任务启动以来平均年龄最小的航天员乘组。

从 2003 年杨利伟叩问苍穹 20 年来，在浩瀚太空留下身影的中国人已达 20 位。

二十年，二十位航天员；二十年，从单人单船飞行，到多人空间站巡天；从首飞的杨利伟，到四度飞天的景海鹏、两次进入中国空间站"天宫"的汤洪波、叶光富，"航天梦之队"无畏困苦、不计得失地付出着、牺牲着，载人航天、月球探测、中国空间站建设，一步一个脚印地践行着特别能吃苦、特别能战斗、特别能攻关、特别能奉献的载人航天精神。

2023 年 10 月 25 日，神舟十七号载人飞行任务新闻发布会上，中国载人航天工程办公室副主任林西强回答了记者关于"中国第四批预备航天员选拔计划"的提问。

中国第四批预备航天员选拔工作于 2022 年 9 月全面启动，计划选拔 12 至 14 名预备航天员，包括航天驾驶员、航天飞行工程师和载荷专家，并首次在港澳地区选拔载荷专家。2023 年 3 月完成了初选，100 名候选对象进入复选阶段。2023 年 8 月完成了复选，20 名候选对象进入最后定选阶段。其中，进入定选阶段的航天驾驶员候选对象覆盖陆、海、空三军现役飞行员，航天飞行工程师和载荷专家候选对象主要来自有关工业部门、高校和科研机构，特别是有分别来自香港和澳门的数名候选对象进入了载荷专家选拔的最后环节。2023 年底前选拔工作将全部完成。2024 年初，中国第四批预备航天员将进入航天员科研训练中心展开训练。

2023 年 11 月 8 日，癸卯年，立冬日。枫叶正红，无雪。冬来无雪待佳辰。佳期如梦。

第五章

天宫

杨利伟：中国首位太空探路者

赤枣子·中国梦

中国梦，赴苍穹，皎然星汉灿如虹。

矢志不渝几十载，九重天上问清风。

逐梦新征程

2023 年 10 月 16 日，北京少年宫，佩戴着鲜艳红领巾的少先队员们正在翘首以待，等待那位二十年前的今天，从太空返回地球的航天英雄杨利伟。

这是"回望飞天路·逐梦新征程"中国首次载人飞行任务成功 20 周年——少先队员与载人航天面对面主题队日活动的现场，杨利伟与来自全国各地的 300 名少先队员和少先队辅导员面对面交流。

二十年前，等待他的是全国人民；二十年后，等待他的是一群八九点钟的太阳。杨利伟永远记得二十年前他返回地球的时间，恰好是当天天安门升国旗的时间，也是太阳升起的时间。

杨利伟搭乘"神舟五号"遨游太空一日，是中国载人航天工程里程碑式的一步，也是中国人探索太空的重要一步。太空探路者成功飞天，点燃了无数青少年的航天梦。这些年，杨利伟积极投身到科普和公益活动中，讲述自己的成长故事和工作经历，激发全社会特别是青少年热爱航天、崇尚科学的热情，埋下一粒粒科学的种子。

当年曾经守候在电视机前等待杨利伟返回地球的少年，有的已经像杨利伟一样"为了人类的和平与进步"进入了太空。2003 年，杨利伟成为中国进入太空第一人时，云南省保山市施甸县姚关镇姚关社区的桂海潮正在读高二，从那一刻起，他就暗下决心，要成为像杨利伟那样的人，投身航天事业，飞向太空、深空。2023 年 5 月 30 日

跟喜爱航天的孩子们在一起

18 时 22 分，桂海潮作为"神舟十六号"飞行乘组进驻中国空间站，梦圆苍穹。

被红领巾簇拥着的杨利伟，耐心回答着孩子们一个又一个新奇的提问，这些提问带着探究，充满了想象，看似天马行空，却蕴含着无穷的未来感。那是年轻一代对未来的期许与希冀。

杨利伟向孩子们深情描述着中国载人航天后续发展的蓝图："逐步从近地空间走向地月空间，进而走向深空，支撑国家发展利益向地月空间拓展，建设形成中国主导的地月空间安全圈、经济圈、科技圈，在人类探索浩瀚宇宙中作出中国人更大的贡献。"

孩子们在鼓掌，在欢呼，说不定下一个桂海潮就会在这群孩子中"诞生"！

"天宫"并不遥远

1992年，中国制定了载人航天工程"三步走"发展战略，建成空间站是发展战略的重要目标。

2010年9月，中央专门委员会批准实施载人空间站工程。

2012年3月，天宫空间站完成了立项综合论证转入方案设计阶段。

2014年6月，天宫空间站结束方案设计阶段工作转入初样研制阶段。

2019年9月，天和核心舱首先完成初样研制转入正样研制阶段。

2020年12月，问天实验舱完成初样研制转入正样研制阶段。

2021年4月，梦天实验舱完成初样研制转入正样研制阶段。

2022 年 12 月 31 日，中国国家主席习近平在新年贺词中宣布："中国空间站全面建成！"

中国空间站包括天和核心舱、梦天实验舱、问天实验舱、载人飞船（已经命名的"神舟"号飞船）和货运飞船（"天舟"飞船）五个模块组成。各飞行器既具备独立飞行能力，又可以与核心舱组合成多种形态的空间组合体，在核心舱统一调度下协同工作，完成空间站承担的各项任务。中国空间站舱内活动空间超过 110 立方米，配置 2 个航天员出舱舱口和 1 个货物气闸舱、6 个睡眠区和 2 个卫生区，可实现长期 3 人、短期 6 人驻留。

2022 年 11 月 30 日 5 时 42 分，神舟十五号载人飞船入轨。7 时 33 分，神舟十五号航天员乘组与神舟十四号航天员乘组在天宫胜利会师，6 名航天员第一次在中国空间站聚首。12 月 2 日晚，神舟十四号、神舟十五号航天员乘组进行在轨交接仪式，两个乘组移交了中国空间站的钥匙，6 名航天员分别在确认书上签字。自此，中国空间站正式开启长期有人驻留模式，航天员轮换周期大约为 6 个月一批次。

随着神舟十七号的成功发射，天宫再次"客满"。在太空出差的神舟十六号乘组归期也随即确定了下来。2023

与航天员技术交流

年 10 月 31 日 8 时 11 分，在轨驻留 154 天的景海鹏、朱
杨柱、桂海潮，乘坐神舟十六号载人飞船返回舱在东风着
陆场成功着陆。

　　辽阔广袤的东风着陆场，地广人稀，十月末已然有了
冬天的气息。清晨的风，寒凉刺骨，打在杨利伟脸上有一
丝丝痛楚。但他不觉得疼，只是大步流星地向前走着，奔
向他的战友，这是杨利伟今天作为"接机员"的任务，他
要在返回舱门打开的第一时间，迎候他的战友们。就像
二十年战友焦灼地等待他安全返回一样。二十年后的今

天，中国航天事业的发展突破了层层技术壁垒，完成了发射载人飞船、空间飞行器交会对接、建设空间站"三步走"的规划。作为一名航天人，高兴的同时，内心更多的是骄傲与自豪。

无需多言，四目相对的刹那，杨利伟与景海鹏已经用眼神交流了万语千言。这是多年来练就的战友之间独有的默契。全网直播，全球围观，含蓄、内敛的中国航天人，此处无声胜有声。

面对镜头，景海鹏说："这次到中国空间站出差感觉很好，感觉很爽。为我的两位好搭档、好伙伴、好兄弟的精彩表现点赞！向祖国致敬，向全国各族人民致敬！"

朱杨柱说："感到非常幸运，能够作为航天飞行工程师执行此次任务。后续会坚守初心、再接再厉，争取早日重返'天宫'。"刚回来，凳子还没坐热的朱杨柱，已经开始惦记着重返"天宫"。

桂海潮说："无论身处太空还是回到地面都会心怀宇宙、知行合一，以实际行动践行作为一名航天员、一名教师的初心使命，期待再次到中国空间站出差，探索更多的科学奥秘。"出差的桂老师回来了，此时，不知道那些还没完成毕业论文的学生会不会心头一紧。

　　现场记者也没有忽略"接机员"杨利伟，话筒很自然地递到了他的面前："航天员现在状态都很好，任务完成得也很好，整个过程很顺利。作为一个老航天员，我们心里很欣慰，同时也对我们的战友们顺利完成任务表示祝贺，希望他们尽快地恢复，然后去迎接以后的任务。"

　　至此，航天员景海鹏圆满完成他人生中的第四次飞天旅程，累计在轨执行任务时间也超过了 200 天，是目前为止执行飞行任务次数最多的中国航天员。中国首位航天飞行工程师朱杨柱、首位载荷专家桂海潮也圆满完成首飞之旅，中国现有的三种类型的航天员均已圆满完成飞行考核和实践检验。

　　回答完记者的提问，完成接机任务的杨利伟继续阔步向前，留给众人一个健硕、挺拔的背影。在他身后，依然是欢腾、欢庆的人群。

归 零

  2022 年"五四"青年节前夕，共青团中央宣传部联合中国日报新媒体、火星演讲会推出"向上的力量·未来十年"大型主题演讲活动，邀请各行业代表齐聚同一个舞台一起展望未来十年。航天英雄、中国载人航天工程副

2022 年"五四"青年节前夕，航天英雄、中国载人航天工程副总设计师杨利伟应邀向青年朋友们作《我们的目标是星辰与大海》演讲

总设计师杨利伟应邀去现场讲述了航天员的光荣与梦想：《我们的目标是星辰与大海》：

> 有一种生活，你没有经历过，就不知其中的艰辛；有一种艰辛，你没有体会过，就不知其中的快乐；有一种快乐，你没有拥有过，就不知其中的真谛。将来的十年，我们在路上；将来的二十年呢，我们依然会在路上。因为我们的梦想和国家的需要紧密地联系在了一起。我们的目标是让中国航天迈入航天强国。我们的目标是星辰大海。

中国载人航天工程办公室2023年8月31日发布了《载人月球探测任务新飞行器名称征集活动公告》，从即日起至9月30日24时，面向社会公开征集新一代载人飞船、载人月面着陆器的名称。新一代载人飞船是在神舟飞船基础上全面升级研制的新型天地往返运输飞行器，由返回舱和服务舱组成，主要用于我国载人月球探测任务，兼顾近地空间站运营，具有高安全、高可靠、多任务支持、可重复使用的特点，登月任务可搭载3名航天员往返地面与环月轨道，近地轨道飞行任务可搭载 7 名航天员往返地面与空间站。

中国将在 2030 年前实现中国人首次登陆月球。谁将是中国登月的第一人？

明月高悬，天空有星辰在闪烁。远方是大海，此刻没有风，没有惊涛骇浪，只有缓慢地潮汐，坚韧、持续地冲刷着岸边的砂石。夜已深，该回去了，明天还要早起锻炼。

飞天归来，杨利伟仍持续多年入选备份航天员。

中国航天人有一个说法："归零"。它原本是个从头开始查找故障原因的专业术语，后来则变成了每一项训练任务结束后回到起点去面对下一次训练任务的代名词。也就是以始为终。

2023 年的"归零"对杨利伟而言却有着别样的意义，天地往返二十年，归零再出发。美国第一个进入太空的宇航员约翰·格伦，在他 77 岁的时候作为一个被研究对象进入了太空，从而成为世界上最大年龄进入太空的宇航员。

1965 年出生的杨利伟，2023 年才 58 岁。天地九重，曾经创造过中国太空探路者历史的他，难道就不能再次创造历史吗？

后 记

    2023 年 5 月下旬的一天，在从家去医院的路上，我突然接到了一个北京区号的电话。诈骗电话横行的今天，几乎每个人面对陌生号码都会或多或少心怀抵触。犹豫片刻，我还是接了。

    电话那头是一个温柔、知性的声音，人民出版社编辑陈佳冉。佳冉老师言简意赅，说了她如何拿到我联系方式的过程，以及她给我打电话的目的。2023 年是"中国进入太空第一人"杨利伟飞天 20 周年，人民出版社计划出版一本杨利伟传记，图文并茂，适合青少年阅读。几经考量选定我作为这本画传的作者。原来距离航天英雄杨利伟2003 年"太空一日游"，已经过去了 20 年！

    2023 年 5 月，是我特别难挨的一段时光。母亲在年度体检时被确诊罹患癌症，母亲节那天刚好是她的手术日。人民出版社的邀约，是 2023 年最让我开心的一件事。

这个消息，甚至被我和母亲一起视作某种吉兆。她热烈地跟我讨论关于当年杨利伟坐着"神舟五号"飞船遨游太空的新闻，那是举国欢庆的大事件。那天聊累了，母亲睡了一觉，醒来第一个问题就是："你什么时候去北京采访？"

我说："不着急，等你病情稳定了，我带你一起去北京，去看航天英雄。"母亲开心得哈哈大笑。

每次从北京采访回来，母亲都会黏着我，让我一遍遍地跟她复述采访的过程与细节。无论我说多少遍，她都不烦。母亲内心一直有个疑问："杨利伟将来还会再上天吗？"

我不知道该如何回答她。

从"神舟五号"到"神舟十九号"，杨利伟、费俊龙、聂海胜、翟志刚、刘伯明、景海鹏、刘旺、刘洋、张晓光、王亚平、陈冬、汤洪波、叶光富、蔡旭哲、邓清明、张陆、朱杨柱、桂海潮、唐胜杰、江新林、李聪、李广苏、宋令东、王浩泽，先后往返于天地之间。他们当中的每一个都是了不起的航天英雄，但被 14 亿中国人路人皆知、知名度最高的，当属中国进入太空第一人：杨利伟。这是我耗时一年社会调查得出的结论。

《杨利伟：中国首位太空探路者》从采访到一稿完成，

再到修改定稿，整整历时一年。这一年里，"神舟十七号""神舟十八号""神舟十九号"飞船相继发射。这一年，我和母亲都成了中国航天的忠实粉丝，每一次火箭发射，每一批航天员归来，只要我不出差，必定陪着母亲看电视直播。即便是她住院期间，病房里的电视，也会被牢牢锁定在中央电视台的新闻频道。唯恐错过中国载人航天的精彩瞬间。

这本书是母亲陪着我写完的，她也是我的第一读者。我一字一句读给她听，从"蓝天""飞天""航天"到"天地"与"天宫"，五个章节，一字不落。母亲最喜欢这本书中穿插描写"四季"的部分，她知道那是她带给我的灵感，是她口头禅"人生在世，草木一秋"的文学呈现。

《杨利伟：中国首位太空探路者》的蓝天、飞天、航天、天地、天宫五个章节中的"天"皆为地理概念，四篇"四季闲笔"则是时间概念。在地理学中，时间是一个重要的维度。"春"来江水绿如蓝，"夏"来草木亦苍然，"秋"来便有欣然处，"冬"来无雪待佳辰，天上与人间、具体与抽象、虚拟与现实、可知与未知、当下与将来，都在春夏秋冬的时间轮转中。

母亲经常问我一个问题："杨利伟胃口好吗？"

我仔细回忆了在航天员训练中心，与杨利伟一起用餐的情形，"有荤有素有粗粮，也有水果，他胃口挺好的。"

母亲对我的回答很满意。室外的阳光透过窗户照在母亲虚弱的身上。

忽然想到了太史公笔下的廉颇，"廉颇老矣，尚能饭否?"母亲没有读过《史记》，她只是用最朴素的想法去衡量、评估一个人的状态。

母亲在温暖的阳光中等我的回答。

我微微一笑，"中国首位太空探路者杨利伟，廉颇虽老尚能战。"

2023 年 10 月 31 日于菊香园（一稿）

2024 年 10 月 31 日于花半里（定稿）

策划编辑：陈佳冉

责任编辑：陈佳冉

装帧设计：汪　莹

图书在版编目（CIP）数据

杨利伟：中国首位太空探路者 / 李玉梅著 . -- 北京 ：
人民出版社，2025. 3. -- ISBN 978 - 7 - 01 - 026865 - 1

Ⅰ . K826.16

中国国家版本馆 CIP 数据核字第 2024BP9403 号

杨利伟：中国首位太空探路者

YANG LIWEI: ZHONGGUO SHOUWEI TAIKONG TANLU ZHE

李玉梅　著

人民出版社 出版发行

（100706　北京市东城区隆福寺街 99 号）

北京中科印刷有限公司印刷　新华书店经销

2025 年 3 月第 1 版　2025 年 3 月北京第 1 次印刷
开本：880 毫米 × 1230 毫米 1/32　印张：5.5
字数：88 千字

ISBN 978 - 7 - 01 - 026865 - 1　定价：58.00 元

邮购地址 100706　北京市东城区隆福寺街 99 号
人民东方图书销售中心　电话（010）65250042　65289539